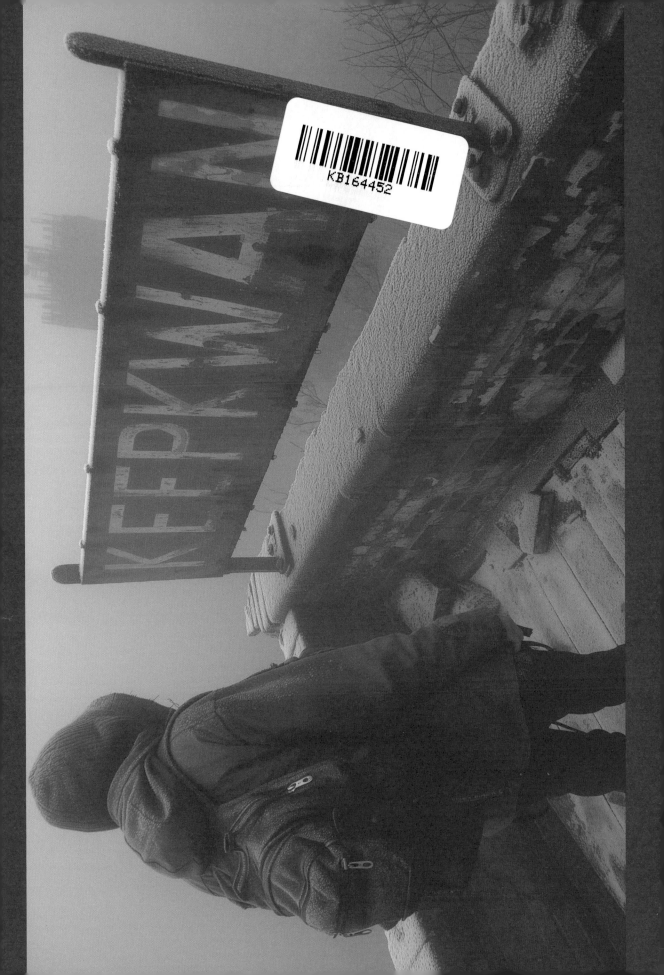

능력과 가치를
높이고 싶다면
된다!

뉴욕에서도 전시한 AI 전문 크리에이터 집필!
동화책 삽화, 게임 캐릭터, 배경 아트, 광고 사진까지!

된다! 미드저니

1분 만에 만드는 생성 AI 이미지

AI 아티스트 **킵콴(윤석관)** 지음

V6 적용
최신판

이지스 퍼블리싱

능력과 가치를 높이고 싶다면
된다! 시리즈를 만나 보세요.
당신이 성장하도록 돕겠습니다.

1분 만에 만드는 생성 AI 이미지

된다! 미드저니
Gotcha! Midjourney

초판 발행 • 2024년 2월 23일

지은이 • 윤석관
펴낸이 • 이지연
펴낸곳 • 이지스퍼블리싱(주)
출판사 등록번호 • 제313-2010-123호
주소 • 서울특별시 마포구 잔다리로 109 이지스빌딩 4층(우편번호 04003)
대표전화 • 02-325-1722 | **팩스** • 02-326-1723
홈페이지 • www.easyspub.co.kr | **페이스북** • www.facebook.com/easyspub
Do it! 스터디룸 카페 • cafe.naver.com/doitstudyroom | **인스타그램** • instagram.com/easyspub_it

총괄 및 기획 • 최윤미 | **책임편집** • 이수경 | **IT 1팀** • 임승빈, 이수경, 지수민
교정교열 • 박명희 | **표지 및 본문 디자인** • 트인글터 | **인쇄** • 보광문화사
마케팅 • 박정현, 한송이, 이나리 | **독자지원** • 박애림, 오경신
영업 및 교재 문의 • 이주동, 김요한(support@easyspub.co.kr)

ISBN 979-11-6303-553-4 13000
가격 26,000원

사람들은 존재하는 것만 보고
'왜?'라고 묻지만,
나는 존재한 적 없는 것을 상상하며
'왜 안 돼?'라고 말한다.

You see things; and you say, 'Why?'
But I dream things that never were;
and I say, "Why not?"

— 조지 버나드 쇼
George Bernard Shaw

광고, 마케팅, 건축, 영화, 애니메이션 등 모든 장르에서
미드저니 세계를 탐험하고픈 사람을 위한 안내서

'국경의 긴 터널을 빠져나오자, 설국이었다.'

가와바타 야스나리의 소설 《설국》의 첫 문장이자, 설국이라는 세계를 눈앞에 그려 내는 명문장입니다. '글로 그림을 그릴 수 있을까?'라는 질문에 멋지게 대답하는 말이어서 평소 소중하게 간직하고 있습니다.

'AI와 협업'의 시작!
상상하던 세상을 눈으로 보았다!

제가 인공지능(artificial intelligence, AI)과 협업하며 콘텐츠를 만들기 시작한 것은 세상에 AI라는 동이 트려는 조용한 새벽, 2022년 초였습니다. 회사의 중장기 전략을 설정하면서 '미래에는 과연 어떤 기술로 성장할 수 있을까?' 생각하게 되더라고요. 그러다 다양한 AI 기술을 알게 되었고 깊이 파고들었습니다. 그리고 그 연장선에서 달리와 미드저니를 만나게 되었죠.

지금 보기에는 조악하지만 당시에는 간단한 프롬프트를 쓰는 것만으로 그럴듯한 그림을 손쉽게 그릴 수 있다는 것에 충격을 받았습니다. 이 기술이라면 그동안 취미 삼아 써오던 짧은 글이나 상상으로만 간직한 가능성의 토막들을 모두 연결하여 이미지로 가져올 수 있겠다는 생각이 들었죠. 이러한 생각을 실천에 옮기기도 전에 AI는 너무나도 빠르게 발전했고, 기대 이상의 결과물을 보여주었습니다. 마치 빅뱅 이후 놀라운 속도로 팽창하는 경이로운 우주를 보는 듯했습니다. 이 글을 쓰는 지금도 AI는 이미지를 넘어 영상과 3D 모델링 분야에서도 혁신을 이루고 있습니다.

하지만 모든 결과물을 만드는 데는 기술도 중요하지만 **인간의 상상력, 즉 우리가 가진 이야기의 힘**이 중심이 되어야 합니다. 머리말의 첫 문장만 읽어도 독자분들이 장면을 충분히 상상할 수 있는 것처럼, **AI와 협업**하면 누구나 머릿속으로 상상하던 세상을 이미지나 영상, 음악 등으로 생성할 수 있습니다.

저는 킵콴(KeepKwan)이라는 이름으로 활동하고 있습니다. KeepKwan에는 'AI에게 대체되지 않고, 이야기를 만드는 인간 창작자 윤석관으로 살아가자'라는 뜻을 담았습니다. 이름에서도 이야기의 힘과 AI와 협업하는 방식을 느낄 수 있죠?

자신만의 이야기를 찾는 과정부터
대체 불가능한 이미지를 생성하는 방법까지 꼼꼼하게 준비했습니다

《된다! 미드저니》는 AI와 협업하여 자신의 이야기를 이미지로 만들고 싶어 하는 사람을 위한 안내서입니다. 독자 여러분이 이미 갖고 있는 자신만의 세계, 품고 있는 이야기를 AI와 협업하여 이미지의 형태로 현실에 가져올 수 있도록 도울 것입니다.

이 책의 첫 장을 펼쳤다면 우선 PC나 스마트폰 등 전자기기를 모두 끄고 책과 노트, 그리고 펜을 준비해 주세요. 첫째마당에서는 **자신의 이야기를 찾는 과정**을 소개합니다. AI가 이미지를 생성해 내는 기술적인 신기함에 매료되는 데 머물지 않고, 자신의 이야기를 발견하는 것부터 시작하여 그것을 이미지로 만들려면 어떤 재료가 필요하고, 어떤 주관적인 지시가 필요한지 하나하나 직접 찾아가 볼 거예요.

그리고 둘째마당에서는 미드저니와 협업할 때 어떻게 해야 자신이 생각한 이야기를 이미지로 만들 수 있을지 함께 나눌 것입니다. 단순히 프롬프트 문장을 쓰는 것이 아니라, **미드저니를 다양한 도구로 활용하는 방법**을 배웁니다. 때로는 카메라로, 때로는 유화의 붓으로, 때로는 조각칼로 활용할 수 있는 다재다능한 이야기 짓기 협업 도구 미드저니를 자세히 만나 보세요.

이 외에도 [직접 해보기] 코너에서는 여러분의 미드저니 활용 역량을 펼칠 수 있는 과제를 제공합니다. **프롬프트를 직접 입력**해 보며 미션에 적합한 이미지를 만들어 보세요. 그리고 [한 걸음 더] 코너에서는 여러분이 AI와 협업할 때 가져야 할 마음가짐, 이미지의 품질을 높여 주는 /tune 기능 사용법, 색을 조합하는 방법 등 **미드저니를 더 잘 활용할 수 있는 방법**을 소개합니다.

또한 [부록]에는 2024년 2월을 기준으로 **V6 업데이트**를 이루면서 더욱 강력해진 미드저니를 담았습니다. 이 책에서 자주 다룬 키워드도 정리해 두었으니 미드저니를 혼자 공부할 때 펼쳐 두고 사용해 보길 바랍니다.

이 책을 통해 AI와 유기적으로 협업할 수 있도록 인간인 우리 자신을 단련하고, 이야기를 끊임없이 만들 수 있는 창작의 그릇을 넓혔으면 좋겠습니다. 또한 자신이 진정으로 표현하고자 하는 이야기는 무엇인지 자문하는 시간이 되었으면 합니다. 마지막으로 미드저니와 협업하는 이 과정이 인간인 나의 세계를 찾는 계기가 되기를 기대합니다.

책을 덮으며 눈앞에 펼쳐진 여러분만의 설국을 만나기를 응원합니다.

AI 아티스트 킵콴(윤석관) 드림

AI와 협업하면서 얻은 인사이트가 담긴 책!

AI와 협업하는 방법을 알려 줍니다!

 이 책은 사람들이 상상만 하던 모든 것을 아트로 표현하는 마법 같은 과정을 보여 줍니다. 저자인 킵콴 작가는 이 책을 통해 **AI와 사람이 공동 작업자로 협업**하는 방법을 선보이며, 독자들에게 창의력의 새로운 경계를 열어 줄 것입니다. 또한 여러분을 무한한 가능성의 세계로 안내할 것이며, 예술과 AI가 조화를 이루며 상상을 현실로 만드는 데 관심이 있는 이들에게 꼭 필요한 필독서가 될 것입니다.

❖ PBG 전속 작가 **다다즈**

수많은 경험을 바탕으로 얻은 AI 아트의 인사이트가 담겨 있습니다!

 저는 킵콴님 옆에서 AI의 힘을 통해 무한한 창작의 가능성을 탐험하는 한 사람을 보았습니다. 그 멋진 결과물들은 창의성과 예술의 경계를 확장한 새로운 장르였습니다. 수많은 프롬프트 경험을 바탕으로 **AI와의 예술적 여정과 인사이트**가 담겨 있는 이 책을 꼭 추천하고 싶습니다.

❖ 하이드미플리즈 대표 **유현**

AI 활용에 실질적으로 도움을 줍니다!

 AI를 활용하는 것이 새로운 시대에 꼭 필요한 능력이라는 것은 이제 누구나 아는 사실입니다. 하지만 어떻게 활용해야 하는지는 학습이 필요합니다. 이 책은 **실무에 AI를 활용**하여 업무 능력을 높이고자 하는 현업자, **디지털 크리에이터로 새로운 영역에 도전**하려고 하는 아티스트들에게 실질적으로 도움을 줄 것입니다.

❖ 하이드미플리즈 CFO **김대성**

초보자도 다양한 영역에서 이미지를 만들 수 있습니다!

 단순히 이미지를 잘 뽑는 일에 그치는 것이 아닌 **초보자에서 실무자까지, 일러스트레이터에서 디자인과 건축에 이르기까지**, 다양한 사용자와 제작 영역을 고려한 내용들로 큰 도움을 받을 수 있었습니다. 특히 각 도구들의 구동 원리와 특성에 기반한 상세한 사용법 설명과 더불어 킵콴 작가님만의 **콘셉트 도출, 아이디에이션 방식, 창작물 구현과 활용 방법까지**, 깨알 같은 꿀팁이 가득 담긴 책입니다. 빠르게 변하는 생성 AI 시대에 나만의 결과물을 상업적으로 활용해 보고 싶은 분들께 적극 추천합니다.

❖ 라인플러스 **이기원**

된다! 미드저니 7주 완성!

이 계획표를 따라 미드저니를 공부해 보세요. 장이 끝날 때마다 [직접 해보기] 코너에서 배운 내용을 복습할 수 있습니다. 미드저니를 사용하다 보면 상상만 하던 그림이 눈앞에 펼쳐질 거예요!

차시	주제	학습 범위	학습일
1주 차	나만의 이야기 채굴하기 `직접 해보기` 만다라트로 아이디어 정리하기	01장	＿＿월 ＿＿일 ~ ＿＿월 ＿＿일
2주 차	미드저니 가입하고 서버 만들기 프롬프트 입력해 보기 업스케일링, 변형 등 기본 기능 사용해 보기 `직접 해보기` 프롬프트 블록 활용하기	02장	＿＿월 ＿＿일 ~ ＿＿월 ＿＿일
3주 차	캐릭터, 배경 프롬프트 입력해 보기 `직접 해보기` 나만의 캐릭터 만들기 `직접 해보기` 살고 싶은 세계 만들기	03~04장	＿＿월 ＿＿일 ~ ＿＿월 ＿＿일
4주 차	오브젝트, 공간 프롬프트 입력해 보기 `직접 해보기` 소장하고 싶은 물건 만들기 `직접 해보기` 내 집, 내 방 설계하기	05~06장	＿＿월 ＿＿일 ~ ＿＿월 ＿＿일
5주 차	사진 프롬프트 입력해 보기 `직접 해보기` 사진작가가 되어 촬영하기	07장	＿＿월 ＿＿일 ~ ＿＿월 ＿＿일
6주 차	크리에이티브 작품 프롬프트 입력해 보기 `직접 해보기` 크리에이터로 한발 더 나아가기	08장	＿＿월 ＿＿일 ~ ＿＿월 ＿＿일
7주 차	결이 유사한 이미지를 하나의 이야기로 완성하기 `직접 해보기` 나만의 4컷 이야기 만들기	09장	＿＿월 ＿＿일 ~ ＿＿월 ＿＿일

프롬프트 모음집 활용하기

예제 프롬프트를 직접 입력하기 어려운 분들을 위해 프롬프트를 모아 둔 시트를 제공합니다.
프롬프트를 복사해 미드저니에게 상상해 달라고 요청해 보세요!

- **프롬프트 모음집 링크:** bit.ly/easys_midjourney_prompt

프롬프트를 모음집에서 붙여 넣기만 해도 유사한 이미지가 만들어집니다!

 ## 미드저니의 최신 소식을 실시간으로 만나 보세요!

저자의 유튜브 채널 또는 인스타그램에 방문하면 미드저니의 최신 소식을 빠르게 접할 수 있습니다.
저자의 수많은 미드저니 작품을 만나며 감각을 길러 보는 것도 추천합니다.

- **유튜브 채널:** youtube.com/@keepkwan • **인스타그램:** instagram.com/thisiskeepkwan

'Do it! 스터디룸'에 방문하세요!

'Do it! 스터디룸'에서 이 책으로 공부하는 독자들을 만나 보세요. 혼자 시작해도 함께 끝낼 수 있어요. '두잇 공부단'에 참여해 책을 완독하고 인증하면 책을 선물로 받을 수 있답니다!

- Do it! 스터디룸:
  cafe.naver.com/doitstudyroom

이지스퍼블리싱 블로그에서 정보를 얻어 가세요!

이지스퍼블리싱 블로그에서 책과 관련된 다양한 이야기를 만나 보세요! 실무에 도움되는 내용은 물론 실생활에 필요한 정보까지 모두 얻어 갈 수 있습니다.

- 블로그: blog.naver.com/easyspub_it

이지스퍼블리싱 인스타그램을 팔로우하고 각종 이벤트에 참여해 보세요!

이지스퍼블리싱 공식 인스타그램 계정에서 다양한 소식과 이벤트를 만나 볼 수 있습니다. 이지스퍼블리싱 계정을 팔로우하고 서평 이벤트, 스터디 등 각종 이벤트에 참여할 수 있는 기회를 놓치지 마세요!

- 인스타그램: instagram.com/easyspub_it

온라인 독자 설문 — 보내 주신 의견을 소중하게 반영하겠습니다!

 QR코드를 스캔하여 이 책에 대한 의견을 보내 주세요. 여러분의 격려는 더 큰 힘이 됩니다. 더 좋은 책을 만들도록 노력하겠습니다. 의견을 남겨 주신 분께는 보답하는 마음으로 다음 6가지 혜택을 드립니다.

❶ 추첨을 통해 소정의 선물 증정 ❷ 이 책의 업데이트 정보 및 개정 안내

❸ 저자가 보내는 새로운 소식 ❹ 출간될 도서의 베타테스트 참여 기회

❺ 출판사 이벤트 소식 ❻ 이지스 소식지 구독 기회

일러두기

• 이 책에서 사용한 용어와 화면 이미지, 대화 내용은 **미드저니 V5.2를 기준**으로 합니다. 2024년 2월 **V6 업데이트**로 달라진 점도 [부록]에 수록했습니다. 추후 미드저니 업데이트로 화면이 바뀔 수 있습니다.

• 이 책에 포함된 정보의 정확성을 확보하기 위해 노력했지만, 인공지능의 빠른 변화로 바뀔 수 있으므로 구매한 후 바로 읽고 실습하기를 권장합니다.

이야기를 현실로 만드는 미드저니

"난 분명히 미드저니 활용법 책을 구입했는데, 뜬금없이 웬 이야기?" 하며 책 표지와 차례를 다시 보는 분도 있을 거예요. 이 책은 대표적인 이미지 생성 AI 미드저니를 꼼꼼하게 다루면서, 더 나아가 우리가 상상하는 이야기를 AI와 함께 현실로 불러오는 방법을 알려 줍니다. '이야기'라는 키워드가 미드저니 활용법과 거리가 멀어 보이지만 1장부터 차근차근 읽어 보면서 미드저니를 익힌다면 "아! 이래서 이야기를 먼저 생각하게끔 책을 구성했구나!" 하고 깨달을 것입니다.

01 생각을 표현하는 새로운 방법, AI

1장에서는 여러분의 다양한 경험과 생각을 모아서 만들어 둔 이야기를 채굴하는 방법을 다룹니다. 그리고 만다라트를 활용해서 이야기를 확장하는 과정을 소개할 거예요. 이것만 잘 따라 해도 머릿속에 있는 경험을 잘 정리해서 이후 배울 미드저니에도 쉽게 적용할 수 있답니다.

그럼 본격적으로 시작해 볼까요? 참, 곧 펼쳐질 이야기에 들어간 삽화는 모두 미드저니로 만든 이미지입니다. 이 점도 재미있게 봐주세요!

01-1

발전하는 이야기 표현 방식

이야기의 시작, 벽화

1940년 9월 프랑스 도르도뉴^{Dordogne} 지방의 몽티냐크^{Montignac} 마을에서 15살 소년들이 마을 인근 베제르^{Vezere} 골짜기의 라스코^{Lascaux} 언덕으로 올라갔습니다. 언덕 중간 즈음 수풀에서 지름 60cm의 구덩이를 발견했는데, 호기심과 모험심 많은 소년들이 그냥 지나칠 수 없었겠죠. 소년들은 구덩이의 둘레를 파기 시작했습니다. 아마 소년들은 그 구덩이가 어느 비밀스러운 던전이나 성의 보물 창고로 통한다고 상상했을 거예요. 시간이 꽤 흘러 풀을 헤치고 입구가 점점 넓혀지자 터널과 같은 긴 동굴이 나타났습니다. 소년 가운데 용기 있는 한 아이가 먼저 동굴 속으로 들어갔습니다. 그리고 그 뒤를 이어 세 아이가 따라갔죠. 좁은 동굴 입구를 엎드려서 기어가자 천장이 꽤 높은 공간이 나타났습니다. 랜턴을 켜고 천장 쪽을 비추자 거대한 돌 벽에 그림이 그려져 있었습니다.

소년 하나가 소리 질렀습니다.

"애들아! 여기 좀 봐! 소랑 사슴이 있어!"

동굴 벽 그림에는 검붉은색과 노란색으로 칠한 수많은 짐승들이 떼를 지어 달리고 있었고, 역동적으로 발을 치켜 올린 말과 뿔을 하늘로 높이 세운 소도 있었습니다.

라스코 동굴 벽화를 발견한 소년들

동굴 속의 그림은 누가, 왜 그렸을까요? 소년들이 우연하게 발견한 동굴 벽화는 선사시대 크로마뇽인이 그린 것으로 알려져 있습니다. 그렇다면 그들은 왜 이런 그림을 동굴에 남겼을까요? 저는 벽화를 최초의 이야기이자 생존의 비결이라고 생각합니다. 연구에 따르면 라스코 동굴 벽화는 종교 의식을 위해 그렸다고 합니다. 짐승을 잘 잡아서 오늘 하루도 굶주리지 않고 살아갈 수 있길 바라는 염원을 담은 것이죠. 때로는 여러 가지 색으로 그림을 그리며 유희 그 자체로 자신들의 이야기를 즐기는 수단이기도 했을 것이고요.

즉, 언어나 문자가 발달하지 않은 시대에는 자신이 전달하고자 하는 이야기를 그림으로 표현했습니다. 그림이 자신이 속한 사회와 자기 내면의 소통이 이루어지면서 연대하는 힘, 살아가는 힘이 되어 주었죠.

오랜 세월 동안 자신의 이야기를 다양한 방식으로 표현해 온 인간

AI의 등장, 상상은 현실이 되고 있다!

인류가 발전하면서 지역·국가별로 언어와 문자가 만들어졌고, 이제는 시, 소설, 그림, 노래 등 다양한 방식으로 이야기를 표현합니다. 표현 방식은 모두 다르지만, 인간의 이야기 창작에서 비롯되었다는 것은 같죠. 시간이 흐르면서 환경과 기술이 변하고, 소속된 사회나 주변 인물의 관점과 생각 등을 접하면서 개인이 표출하고 싶은 이야기 역시 변화했습니다. 그리고 우리의 이야기를 실현해 줄 전에 없던 기술이 만들어졌습니다. 바로 AI^{artificial intelligence}(인공지능)입니다.

"내가 시키는 대로 컴퓨터가 알아서 해줬으면 좋겠어."
"내가 굳이 말하지 않아도, 로봇이 내 생각을 읽고 일을 대신한다면 어떨까?"

몇 년 전만 해도 신문이나 책에 실리던 상상화에는 청소하는 로봇, 머리를 손질해 주는 로봇, 운전하지 않아도 알아서 이동하는 로봇 자동차 등이 빼놓지 않고 등장했는데요. 그림이나 글로 남긴 상상이 이제는 현실이 되고 있습니다.

미래를 상상한 레트로 일러스트레이션

사전에서는 인공지능(artificial intelligence, AI)을 이렇게 정의합니다.

인간의 지능이 가지는 학습, 추리, 적응, 논증 따위의 기능을 갖춘 컴퓨터 시스템. 전문가 시스템, 자연 언어의 이해, 음성 번역, 로봇 공학, 인공 시각, 문제 해결, 학습과 지식 획득, 인지 과학 따위에 응용한다.

인공지능은 오래 전부터 연구되어 왔고, 기술의 한계와 실패로 빙하기를 여러 번 거치다 오픈AI가 챗GPT를 출시하면서 다시 황금기를 맞았습니다. 앞으로 우리가 만날 이미지 생성 AI, 미드저니는 텍스트 투 이미지$^{text\ to\ image}$ 형태로 우리가 입력하는 이야기(text)를 이미지(image)로 만드는 기술입니다.

우리는 경험하고 배우고 느낀 것이 모두 다르고, 취향 또한 달라서 AI에게 전달할 이야기 역시 다를 것입니다. 결국 출력되는 이미지도 모두 다르겠죠. 라스코 동굴 벽화에 남아 있는 서사처럼, 이제는 여러분의 이야기를 AI라는 기술을 이용해 현실로 불러오세요. 어떤 이야기를 불러올 것인가요? 여러분이 그리는 이야기를 기대하겠습니다.

01-2

글쓰기가 쉬워지는 이야기 채굴 공식

여러분의 이해를 돕기 위해 가상의 인물을 하나 만들어 보겠습니다. 이 사람은 웹 소설을 쓰는 작가로, 자신이 쓴 웹 소설의 표지와 본문에 들어갈 삽화를 AI로 만들어 보려고 합니다. 이때 AI에게 어떻게 요청해야 자신의 글에 딱 맞는 삽화를 만들 수 있을까요?

'잘' 써야 살아남는 시대!

AI와 함께하는 지금, 그 어느 때보다 글쓰기 능력이 중요해졌습니다. 단순히 글을 잘 쓰는 것을 넘어서 내가 생각한 것을 명확하게 전달할 수 있어야 하죠. 앞서 소개한 웹 소설 작가가 AI를 활용해서 자신이 쓴 글에 어울리는 삽화를 만들 때도 마찬가지입니다. AI에게 책의 콘셉트, 타깃 독자, 본문 내용 등을 자세히 설명해야 그에 걸맞은 이미지를 만들어 줍니다. 구체적이지 않거나 주제에서 벗어난 내용을 전달한다면 생각하고 있는 이미지와는 완전히 동떨어진 결과물이 나올 거예요.

이처럼 글쓰기는 인간과 인간이 대화할 때도 중요하지만, AI와 프롬프트^{prompt}로 대화하면서 더욱 중요한 문제가 되었습니다. 프롬프트라니, 혹시 일상에서 이 단어를 들어 본 적이 있나요? 연극을 할 때 관객이 볼 수 없는 곳에서 배우에게 대사나 동작 따위를 일러 주는 일을 프롬프트라고 하는데요. 마찬가지입니다. 배우의 역할을 AI가 대신한다고 생각하면 돼요. 이미지 생성 AI에게 앞으로 무엇을 만들지 알려 주는 걸 프롬프트라고 하는 것이죠.

"내 머릿속에 있는 이야기(text)를 어떻게 표출해야 AI가 잘 이해할 수 있을까?"
"AI가 학습한 정보를 활용해 내가 생각한 이미지를 만들려면
프롬프트(text)를 어떻게 써야 할까?"

이미지 생성 AI는 글(text)이 이미지로 출력되는 구조이므로 우리는 이제 이야기를 '잘' 쓰는 방법을 알아야 합니다. 그 전에 한 가지 묻고 싶어요. 여러분은 어떤 이야기를 갖고 있나요? 물론 갑자기 떠올리라 하면 '내가 대단한 걸 경험한 게 있나?' 싶겠지만, 여기서 말하는 '이야기'가 마블 유니버스처럼 엄청난 서사가 있는 세계관일 필요는 없습니다. 꿈에 나왔던 비현실적인 내용도 좋고, 길을 걷다가 떠올린 소소한 생각이나 TV를 보다가 했던 망상도 소재가 될 수 있어요.

사실 여러분은 알게 모르게 그동안 다양한 경험을 쌓아 왔기에 이야기 소재는 무궁무진합니다. 다만 시간이 흐르면서 소재로 쓸 만한 기억이 흐려졌을 뿐이죠. 그럼 이 제한 시간이 걸린 휘발성 이야기를 어떻게 붙잡으면 좋을까요? 저는 아쉽게도 그림을 잘 그리지 못해서 미드저니가 세상에 나오기 전까지는 모든 것을 글로만 기록해 왔어요. 그러다가 다행히도 2022년 7월, 미드저니가 세상에 등장하면서 글과 그림으로 이야기를 기록할 수 있게 되었습니다.

여러분, 제가 왜 미드저니 사용법은 안내하지 않고 '이야기' 얘기만 주구장창 늘어놓고 있을까요? 이미지를 손쉽게 그리는 도구가 세상에 많이 나왔지만 막상 사용하려면 어떤 것을 쓰고 그려야 할지 막막할 것이기 때문입니다. 그렇다면 어떻게 해야 그 문제를 해결할 수 있을까요? 바로 우리 안에 있는 이야기의 존재를 먼저 확인하고, 그것을 채굴해서 정리해야 합니다. 이 과정을 거치고 나서 프롬프트 사용법만 마저 익히면 여러분의 이야기를 어렵지 않게 현실로 불러올 수 있습니다.

내 안의 이야기 존재를 확인하는 3가지 방법

내 안에 있는 이야기의 존재를 어떻게 확인할 수 있을까요? 3가지로 나눠 살펴보겠습니다.

첫째, 나는 무엇을 좋아하고 무엇을 싫어하는지 생각해 봅니다. 호불호의 기준이 있다는 것은 나만의 이야기가 있고 또 그 이미지를 창작할 준비를 끝낸 것과 같습니다. 이야기를 만들어 내는 것에 부담을 느낄 필요가 없습니다. 나의 이야기이니까요. 나만이 쓸 수 있는 이야기는 일단 나의 취향에서 시작됩니다.

둘째, 다른 누군가에게 자신 있게 말할 수 있는 관심 분야가 있는지 생각해 봅니다. 말을 잘하는 사람들을 보면 마치 이야기보따리가 있는 듯 다양한 주제로 말이 술술 나옵니다. 저도 AI와 만나기 전까지는 비어 있는 이야기보따리 안을 물끄러미 바라만 봤어요. 그런데 이제는 'AI와 창작하는 콘텐츠'에 관해서는 하루 종일 말할 수 있습니다. 관심 분야가 모여서 'AI 콘텐츠'라는 대주제를 형성할 수 있었죠. 여러분도 이야기보따리를 채울 수 있는 관심 분야가 있을 것입니다. 누군가에게 말할 수 있다는 것은 내 안에 이야기가 있다는 것과 같아요.

셋째, 관심 분야를 주제로 어떤 것이든 상상해 봅니다. 그 주제를 누군가에게 언어로 풀어낼 수 있다면 무엇이든지 이미지화할 수 있습니다. 글과 이미지로 표현할 수 있다면 그만큼 강력한 콘텐츠는 없습니다.

이야기 채굴 3단계

그렇다면 이야기를 어떻게 끌어낼 수 있을까요? 3단계로 나눠 설명하겠습니다.

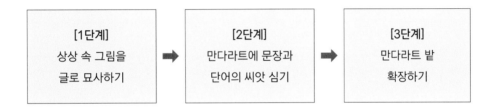

1단계　상상 속 그림을 글로 묘사하기

앞서 관심 분야를 주제로 머릿속에 그렸던 그림을 다시 글(text)로 묘사합니다. 말로도 표현해 보고, 이미지 속에서 이야기 씨앗이 되는 핵심 키워드를 채굴해 보세요. 단어가 될 수도 있고 문장이 될 수도 있습니다. 글로 표현할 수 있는 모든 조각을 모아 주세요.

2단계　만다라트에 문장과 단어의 씨앗 심기

만다라트에 문장과 단어의 씨앗을 심습니다. 저는 미드저니 작업 전 만다라트를 전개하고 문장이나 단어를 정리해 이야기를 발전시킵니다.

만다라트 밭을 확장합니다. 다음 표는 제가 실제로 이야기와 이미지 속에서 문장과 단어를 뽑아 만다라트에 작성한 내용입니다.

연출	모델	런웨이	조명	방문객	동선	거품	물	미끌거림
옷감	패션쇼	플라스틱	재료	박물관	미술품	차가움	수영장	파형
돌, 흙, 이끼	잡지 커버	사진	역사	큐레이터	유물	다이빙	첨벙	파란색
미국	공포 영화	음산한	패션쇼	박물관	수영장	비어 있는	우주	우주복
인물	마을 사람들	비밀	마을 사람들		우주 유영	무중력	우주 유영	지구
카메라	제물	안개	숲	AI와 인간	냉장고	두려움	고독함	편안함
이끼	나무	푸른빛	대립	인간의 적	인간적	맥주	시원함	문
개울	숲	흙 냄새	협업	AI와 인간	공존	우유	냉장고	얼음
시원함	공기	새벽	언어	데이터	연결	채소, 과일	냉동 보관	냉장

아이디어 채굴을 위한 만다라트 1차 작업

여기서 잠깐, 이야기를 채굴하여 심는 밭을 만다라트^{mandalart}로 표현했습니다. 사실 만다라트는 자신이 목표한 것을 이루기 위해 어떤 계획을 세워야 하는지 정리하는 계획형 마인드 맵입니다. 그런데 왜 계획을 위한 기법을 이야기를 심는 밭으로 이용하게 되었을까요? 이야기를 만드는 것 또한 계획이 필요하기 때문입니다. 우리의 수많은 아이디어는 별처럼 반짝하고 태어나고, 혜성처럼 금방 어디론가 날아가 사라집니다. 또 어떨 때는 정리가 되지 않아서 머릿속이 복잡해지기도 하고요.

물론 익숙한 마인드 맵을 활용해도 되지만 가지가 점점 뻗어 나가고 확장되다 보면, 이야기를 프롬프트로 옮길 때 다소 범위가 넓어진 아이디어들을 정리하기가 어렵더라고요. 그래서 어느 정도 정리된 틀 안에서 계획하는 훈련을 하고자 만다라트를 활용하게 되었습니다. 그리고 지금까지도 미드저니 프롬프트를 처음 접하는 분들에게 추천하고 있습니다.

AI 아트의 아이디어를 만다라트에 작성할 때는 다음 4가지를 생각하면서 키워드를 적어 보세요.

① 머릿속에 이미지의 큰 그림을 그리고, 그것을 표현하는 대주제를 정합니다.
② 대주제가 정해지면 가운데에 위치한 9개의 칸에 적어 주세요. 이때 가장 가운데는 비워 두세요.
③ 대주제 주변에는 그래픽 기법, 재료, 등장인물, 배경 요소 등 이미지를 창작할 재료를 적습니다.
④ 2D, 3D, 영화, 사진 등 '어떤 그래픽으로 제작하겠다'라는 것이 명확할수록 좋습니다.

이어서 2차 만다라트를 작성해 보겠습니다. 앞서 1차 만다라트에서 정리한 아이디어 가운데 실제로 프롬프트로 옮겨와 이미지로 구현할 이야기의 씨앗을 선정합니다. 저는 1차 만다라트에서 정리한 내용 가운데 '마을 사람들'을 선택하고, 이 주제를 영화로 구성하는 방향으로 2차 만다라트를 작성했습니다.

1차 만다라트에서는 선정한 주제가 없어서 중심이 비워져 있지만, 이제 '마을 사람들'을 선택한 상태이므로 해당 키워드를 배치합니다. 그 주변으로 다시 이야기의 재료를 배치하며 생각을 확장하면 됩니다.

인물	여관	주유소	대사	어둠	음악	학교	피	안개
BGM	미국	마트	쿠키 영상	공포 영화	효과음	숲	음산한	조명
라디오	고속도로	학교	오프닝	깜짝 놀람	전환 효과	여관	허름한 집	망가진
조력자	여관 주인	학생들	미국	공포 영화	음산한	라디오 뉴스	흑막	낮과 밤
촌장	인물	가게 주인	인물	마을 사람들	비밀	정보	비밀	납치
흑막	주인공 (형사)	주유소 알바	카메라	제물	안개	신문기사	숲 속	공포감
30mm	핫셀블라드	35mm	동물	장치	학교 강당	모든 장면 새벽 안개	효과	가려짐
Sony a7	카메라	50mm	연기	제물	오두막	미스터리	안개	새벽
빈티지 카메라	필름	조명	불	피	빈틈	감정 이입	영화 미스트	사라지지 않음

아이디어 채굴을 위한 만다라트 2차 작업

아이디어가 작품으로 변신하는 과정

아이디어를 작품으로 만들려면 앞서 확장한 아이디어를 정리해야 합니다. 만다라트 예시는 미드저니로 영화를 만들기 전 밑작업이었는데요. 중심 키워드로 선정한 '마을 사람들'을 기준으로 마을에서 벌어지는 기묘한 사건들을 공포 영화로 제작할 것입니다.

그래픽 기법을 '영화'로, 이미지를 생성하는 미드저니의 역할을 '핫셀블라드'라는 카메라로 정했습니다. 그리고 이미지에 들어갈 효과나 분위기는 '안개'로 정했습니다. 이렇게 해당 키워드를 중심에 두고 다시 키워드별로 아이디어를 확장합니다. 영화의 한 장면을 만들 때 미드저니에 입력할 프롬프트의 재료 아이디어를 얻는 것이죠. 아이디어 정리를 마친 뒤에는 미드저니에 키워드를 입력해서 작품을 만들면 됩니다.

만다라트는 머릿속 곳곳에 있는 상상을 글로 불러오는 작업입니다. 다음 페이지에서 만다라트 칸에 아이디어를 정리해 보세요. 지금은 손에 펜을 쥐고 만다라트 칸에 키워드를 적고 있지만, 앞으로는 머릿속에 만다라트가 연꽃처럼 펼쳐지면서 키워드가 자동으로 들어갈 정도로 사고 회전이 빨라지는 것을 경험할 수 있을 거예요!

만다라트를 통해 뽑은 키워드를 프롬프트에 활용한 예시

미드저니는 단순한 이미지 생성 기술이 아니라 우리의 상상과 사고 회전이 빨라지도록 도와주는 기술입니다. 아이디어와 이야기를 채굴하고, 그 내용을 모두 프롬프트에 풀어 이미지로 불러와 봅시다. 선정한 키워드를 사용해서 미드저니로 영화 속한 장면을 디테일하게 제작하는 방법은 둘째마당에서 자세하게 다루겠습니다.

만다라트로 아이디어 정리하기

영화 한 편을 대표하는 이미지를 만든다고 생각하고 작품의 주제를 정해 보세요. 주제를 정했다면 키워드로 아이디어를 정리해 만다라트 표에 직접 써넣어 보세요!

주제:

핵심 키워드:

1차 만다라트

2차 만다라트

퀄리티를 높이는 이야기 캐치볼

인간과 AI의 협업은 캐치볼과 같다

저는 미드저니를 비롯한 생성 AI와 협업하는 과정을 캐치볼^{playing a catch}이라고 표현합니다. 영화를 보면 종종 아빠와 아이가 들판에서 글러브를 낀 채 서로 공을 주고받는 따뜻한 장면이 나오는데요. 서로 공을 잘 받을 수 있도록 속도와 힘을 조절합니다. 공을 단순히 물리적으로 주고받는 데 끝나지 않고 감정과 언어를 서로 전달하는 것이죠.

저는 캐치볼 장면을 보면서 '인간과 AI가 협업하는 것도 이런 모습이구나'라고 느꼈습니다. AI가 여러분의 생각을 이해할 수 있도록 프롬프트에 잘 담아서 전달하면 AI는 그것을 받아들이고 자신의 기술을 바탕으로 결과를 제안합니다. 그리고 우리는 AI가 제안한 것을 보고 선택하거나, 다시 한번 제안을 요청하죠. 이런 점이 캐치볼과 같다는 거예요. 이처럼 프롬프트를 작성하는 과정은 AI에게 지시하는 명령이 아니라 인간의 생각과 이야기를 들려주는 소통이라고 할 수 있어요.

AI와 캐치볼로 소통하는 인간

앞으로 배울 미드저니와 우리의 대화는 마치 캐치볼처럼 인간이 생각을 전달하면 AI가 결과를 제안하고, 다시 인간이 선택하는 일련의 과정입니다. 전달(인간) → 제안(AI) → 선택(인간)의 과정을 반복하다 보면 '어떻게 해야 이 공을 AI에게 잘 전달해서 내 생각을 구현한 좋은 결과물을 제안받을 수 있을까?'를 자연스럽게 생각하게 됩니다. 결국 먼저 공을 던져 주는 인간의 역할이 큰 것입니다. 앞으로 미드저니와 즐겁게 캐치볼을 할 수 있도록 우리에게 필요한 행동 지침을 알려 드리겠습니다.

미드저니와 함께할 때 갖춰야 할 역량 4가지

미드저니는 우리가 상상한 이야기를 이미지로 구현하는 파트너이자 기술, 도구입니다. 이런 기술과 협업을 하려면 그동안 쌓아 온 경험과 상상, 지식 그리고 이 세 가지를 AI에게 전달(묘사)하는 능력이 중요합니다.

경험

경험이 많으면 시야의 폭이 넓어지고, 그 결과 생각이 풍부해져서 이야깃거리의 기반을 만들기가 한층 쉬워집니다. 많은 것을 경험해서 나의 것으로 만들면 이야기를 창작할 수 있는 힘이 되기도 하고, 취향과 감각도 얻을 수 있습니다. 내가 무엇을 좋아하고 싫어하는지는 물론이고 어떤 것을 만지거나 냄새를 맡으면서 얻는 감각을 기억으로 저장하거든요. 저는 이 경험을 꾸준히 일기로 기록하고 있는데, 그 내용이 글로 남으니 미드저니와 작업할 때 다양한 감각을 표현하는 데 도움이 되더라고요. 예를 들어 보겠습니다.

> *20XX년 00월 00일 X요일*
>
> *다음 약속까지 시간 여유가 있어서 약속 장소 근처에 있는 카페에 들어갔다.*
>
> *우연히 들어간 공간인데 내부 인테리어나 향기, 분위기는 매우 특별했다.*
>
> *테이블은 일부러 마감 처리를 하지 않은 듯 거친 돌로 만들었고 의자 역시 엉덩이 부분만 쿠션으로 덧댄 돌 의자였다.*
>
> *벽면은 노출 콘크리트로 만들어졌고 표면의 거친 느낌이 테이블, 의자와 함께 조화를 이루었다.*
>
> *커피 맛은 어찌나 진한지 카페 전체가 거칠고 단단하고 진한 속성으로 어우러졌다.*

후각과 촉각, 미각까지도 느꼈어요!

상상

기록과 체화를 통해 누적되는 경험은 결국 상상으로 발현됩니다. 손으로 직접 만지고, 코로 향기를 맡고, 눈으로 보고, 혀로 맛을 느낀 모든 것을 글로 남기다 보면 생각지도 못한 날에 그 키워드들이 떠오르며 이미지의 재료가 됩니다. 상상의 재료는 멀리 있는 것이 아니라 여러분의 경험과 감정에 있습니다. 그 키워드를 메모하여 남기고 다시 찾아 주세요.

지식

미드저니로 작업하다 보면 AI가 이미 많은 것을 알고 있다는 것을 느낍니다. 미드저니는 카메라의 브랜드마다 표현되는 색감은 물론, 조리개 값에 따라 달라지는 디테일 등을 모두 알고 있죠. 또한 어떤 붓으로 그림을 그리느냐에 따라 그림체의 질감이 달라진다는 것도 알고 있습니다. 그저 우리가 모를 뿐입니다.

이미지를 만들 때 어떤 그래픽으로 표현할지 먼저 정해야 하는 이유는 이런 점 때문입니다. 예를 들어 유화 느낌이 나는 AI 이미지를 만들고 싶다면 유화 관련 지식을 알아 두는 것이 좋습니다. 젖은 붓으로 그리면 어떤 효과가 나는지, 어떤 브랜드의 물감이 내 취향과 맞는지, 캔버스에 그릴 때와 신문지에 그릴 때의 그림체가 어떻게 다른지 등 디테일한 지식을 갖고 있다면 미드저니에 프롬프트를 작성할 때 도움이 됩니다.

묘사

경험을 바탕으로 이야기를 만들어 냈고, 그 이야기를 어떤 그래픽 기법을 사용해 이미지로 풀어 낼지 상상했고, 어떻게 그려야 할지 도구 관련 지식을 갖췄나요? 그렇다면 이제는 AI에게 잘 묘사한 프롬프트를 전달할 차례입니다.

앞서 경험과 상상과 지식의 힘을 기르는 방법으로 계속해서 '글쓰기'를 강조했습니다. 일기를 쓰고 메모를 하라고요. 그리고 누군가에게 내 글을 보여 줬을 때 내가 생각한 이미지가 상대방의 머릿속에도 그대로 그려지도록 잘 묘사해야 합니다. 묘사하는 힘은 내가 생각한 이야기를 이미지로 생성하기 위해 쓰는 프롬프트에도 적용됩니다.

2장에서는 본격적으로 미드저니의 세계로 들어갑니다. 이 책을 읽으면서 미드저니와 함께 창작을 시작하세요. AI와 서로 즐겁게 캐치볼하는 시간을 보낼 수 있길 바랍니다.

02 미드저니를 사용한다면 알아야 할 모든 것

미드저니는 프롬프트를 입력해서 이미지를 생성하는 AI 서비스입니다. 미드저니를 사용하려면 먼저 회원 가입을 하고 유료로 구독해야 합니다. 이번 장에서는 미드저니를 소개하고 회원 가입과 구독하는 방법, 그리고 도움이 되는 기본 팁을 알아보겠습니다. 이것만 알아도 미드저니를 어느 정도 깨우쳤다고 할 수 있습니다.

그리고 이어서 미드저니의 기본 사용법을 알아보겠습니다. 미드저니는 프롬프트에 입력한 내용을 이미지로 생성해 주는 데 그치지 않고, 원하는 이미지에 좀 더 가깝게 변형해 주는 애프터 서비스까지 완벽합니다. 처음에 프롬프트를 작성해서 이미지를 생성하기 시작하면 어느 순간 몰입되어 매일매일 작업하는 자신을 발견할 수 있습니다.

그럼 이제부터 미드저니에게 이야기를 어떻게 전달해야 하는지 함께 알아볼까요?

02-1

이미지 생성 AI, 미드저니

미드저니, 세상에 등장하다

미드저니^{Midjourney}는 VR 회사인 립 모션^{Leap Motion}의 공동 설립자였던 데이비드 홀츠^{David Holz}가 주축이 되어 개발한 이미지 생성 AI 서비스입니다. 오픈AI^{OpenAI}에서 만든 챗GPT^{ChatGPT}나 달리^{Dall-E}가 자체 사이트에서 운용되는 반면, 미드저니는 2024년 초반까지도 디스코드^{Discord}라는 온라인 플랫폼을 이용해 왔습니다. 여느 이미지 생성 AI와 마찬가지로 텍스트를 입력하거나 이미지를 업로드하면 그에 맞는 이미지를 생성해 주는데요. 유료라는 아쉬움이 있지만 다른 AI 모델보다 결과물의 품질이 상당히 높다는 특장점이 있습니다.

미드저니 로고

홀츠가 미드저니를 만든 이유는 인터뷰 내용에서 알 수 있습니다.

> *"우리는 인류라는 종의 상상력을 넓히면 좋겠다. 목표는 인간을 더 상상력이 풍부하게 만드는 것이며, 상상력이 풍부한 기계를 만드는 것이 아니다."*

인류의 상상력을 확장하는 것을 목표로 개발한 미드저니가 세상에 알려지기 시작한 사건이 있습니다. 어떻게 보면 AI 아트 역사에 오랫동안 기록될 사건이라고 할 수 있습니다. AI가 그린 작품이 미술 대회에서 1등을 차지한 것입니다.

미드저니가 그린 작품이 미술 대회 1등?!

2022년 9월, 온라인 게임 제작 스튜디오를 운영하는 제이슨 앨런^{Jason Allen}이 미드저니로 만든 작품 〈스페이스 오페라 극장^{Théâtre d'Opéra Spatial}〉이 인간이 창작한 작품을 제치고 디지털 아트 부문에서 1등을 거머쥔 사건이 있었습니다. 이전까지만 해도 AI는 결코 인간의 창작 영역을 침해할 수 없다고 여겼지만, 이후 AI의 창작 능력은 매우 놀라우며 이미지 생성 AI의 저작권 이슈가 나올 때마다 빠지지 않고 등장하는 사례가 되었습니다.

미드저니로 만든 작품 〈스페이스 오페라 극장〉

잡지의 표지를 장식한 AI 작품

2022년 6월, 영국의 잡지 〈이코노미스트The Economist〉의 표지를 미드저니로 창작한 그림으로 장식했습니다. 세계적으로 유명한 잡지에 AI가 그린 그림이 실렸다는 것만으로도 큰 화젯거리가 되었는데요.

사실 〈이코노미스트〉가 최초는 아니었고, 2021년 〈코스모폴리탄COSMOPOLITAN〉의 표지를 달리Dall-E가 작업한 이미지로 장식하면서 AI 아트가 더 많이 알려졌습니다.

잡지 표지에 사용한 미드저니로 창작한 작품

유명 인사의 사진을 이용한 밈

미국 전 대통령 도널드 트럼프Donald Trump와 러시아 대통령 푸틴Vladimir Putin이 수감복을 입고 법정에 선 이미지를 본 적이 있나요? 몽클레어 패딩 점퍼를 입은 교황의 사진도 혹시 보셨나요? 일종의 밈meme으로 SNS에서 퍼져 나간 이 이미지들을 세간에선 마냥 장난으로 바라볼 수는 없었습니다. 실제라고 믿을 수 있을 만큼 정말 감쪽같았기 때문이죠.

가짜를 진짜인 것처럼 보이게 하는 AI 기술을 활용한 미드저니의 딥페이크deepfake 이미지가 널리 퍼지면서 진실과 거짓을 구분하기 어려워졌고 이와 함께 AI 이미지에 대한 두려움도 함께 퍼졌습니다. 전에 없던 기술로 인간의 상상력을 확장시켜 새로운 세계를 보여 주기도 하지만, 사실이 아닌 것을 마치 사실처럼 보이게 해서 틀린 정보가 퍼지거나 범죄에도 악용될 수 있기 때문입니다. 이 사건을 계기로 미드저니는 무료 서비스를 중단했습니다.

그럼에도 우리는 현재에 발맞춰 AI 기술을 탑재한 생성형 AI를 다룰 줄 알아야 합니다. 이어서 미드저니를 비롯한 이미지 생성 AI 모델에 어떤 것들이 있는지 알아보겠습니다.

이미지 생성 AI에는 어떤 것들이 있나요?

이 책에서 다루는 미드저니 외에 다른 이미지 생성 AI에는 어떤 것이 있고 각 모델의 특징은 무엇인지 살펴보겠습니다. 여기서 다루는 모델은 뤼튼(Wrtn), 달리(Dall-E3), 스테이블 디퓨전(Stable Diffusion), 레오나르도 AI(Leonardo AI)입니다.

뤼튼

뤼튼(Wrtn)은 우리나라 IT 기업인 뤼튼테크놀로지스^{Wrtn Technologies}에서 개발한 AI 모델입니다. AI 포털이라는 수식어처럼 뤼튼에는 다양한 기능이 탑재되어 있고, 앞으로도 계속해서 업데이트될 예정입니다. 뤼튼은 챗GPT와 같은 대화형 챗봇이지만, 스테이블 디퓨전을 기반으로 이미지도 생성해 줍니다.

아직 이미지 품질이 조금 아쉽지만, 업데이트가 거듭되면서 개선되고 있습니다.

뤼튼에서 패션 모델의 포즈를 다양하게 만들어 달라고 요청하여 나온 결과 화면(wrtn.ai)

달리

달리(Dall-E3)는 오픈AI에서 개발한 이미지 생성 모델로, 많은 사람들이 이미지 생성 AI를 처음 접할 때 이용합니다. 최근 달리3로 업그레이드하면서 이미지 생성 수준이 월등하게 높아졌습니다.

미드저니, 스테이블 디퓨전과 함께 사람들이 가장 많이 사용하는 AI 모델입니다.

빙에서 사용하는 달리(bing.com/create)

스테이블 디퓨전

스테이블 디퓨전(Stable Diffusion)은 스테빌리티 AI$^{Stability\ AI}$에서 오픈소스 라이선스로 배포한 텍스트 투 이미지 모델입니다. 사용자 PC의 GPU를 사용해서 이미지를 생성합니다. 원하는 방향의 이미지를 생성할 수 있도록 직접 모델을 만들거나 배포된 모델을 사용할 수 있습니다.

초보자가 접근하기에는 다소 복잡할 수 있어요!

이미지 생성 AI 모델을 직접 만들 수 있는 스테이블 디퓨전(stablediffusionweb.com)

레오나르도 AI

레오나르도 AI(Leonardo.AI)는 스페인의 NUI스튜디오에서 만든 이미지 생성 AI 플랫폼으로, 상당히 준수한 작화와 품질을 보여 주어 많은 사람들에게 사랑받고 있습니다.

수준 높은 작화와 품질을 보여 주는 레오나르도 AI(leonardo.ai)

지금까지 설명한 4가지 이미지 생성 AI의 특징을 정리하고 넘어가겠습니다.

모델 이름	특징
ᦲwrtn	• 프롬프트를 한국어로 입력할 수 있고, 마지막에 '그려 줘.'만 입력하면 이미지가 생성됩니다. • 무료 서비스로, 뤼튼 앱과 웹 서비스로 누구나 쉽게 접속해서 사용할 수 있습니다. • 간단하게 입력해도 이미지를 쉽게 생성할 수 있습니다. • 해상도, 네거티브 등 이미지를 제어할 수 있는 기능이 없거나 한정됩니다.
DALL·E 3	• 다양한 언어로 프롬프트를 입력해서 이미지를 생성할 수 있습니다. • 달리3로 업그레이드되면서 이미지의 품질이 높아졌습니다. • 마이크로소프트의 빙(Bing)에도 탑재되어 달리 자체 웹 서비스뿐만 아니라 다양한 곳에서 활용할 수 있습니다. • 빙에서 무료로 사용할 수 있습니다.
Stable Diffusion	• 실사에 가까운 고품질 이미지를 생성할 수 있습니다. • 확장 기능을 추가해서 이미지, 영상 등 여러 가지 콘텐츠를 만들 수 있습니다. • 다양한 이미지 제어 기능을 활용해서 원하는 이미지에 가깝게 제작할 수 있습니다. • 사용자 PC의 GPU를 사용하므로 고사양 PC를 준비해야 합니다. • 웹에서 무료로 사용할 수 있습니다.
Leonardo.Ai	• 웹 서비스로 접속해서 이미지를 생성할 수 있습니다. • 드림셰이퍼(DreamShaper), 스테이블 디퓨전, 레오나르도 등 많은 모델 데이터가 제공되어 이미지를 다양한 스타일로 생성할 수 있습니다. • 매일 크레딧이 제공되어 거의 무료로 사용할 수 있습니다. • 이미지를 제어하는 다양한 옵션이 간편하고 보기 좋게 정리되어 있습니다. • 실사, 영화 장면 등 몇몇 작화에서는 아직 표현의 한계가 있습니다.

미드저니를 사용해야 하는 4가지 이유

앞서 살펴본 것처럼 이미 수많은 이미지 생성 AI가 출시됐고, 앞으로도 계속해서 나올 것이며, 더 놀라울 정도로 업데이트될 것입니다. 심지어 미드저니는 유료로 사용해야 한다는 아쉬움도 있어요. 그럼에도 다른 이미지 생성 AI가 아닌 미드저니를 사용해야 하는 까닭은 무엇인지 알아봅시다.

첫째, 미드저니는 언제 어디서든 쉽게 작업할 수 있습니다. 미드저니는 디스코드 기반으로, PC와 모바일의 디스코드 앱에서 작업할 수도 있습니다. 또한 PC와 모바일의 브라우저 내에서 바로 작업할 수 있는 미드저니 웹 버전이 2024년 2월부로 출시되었으며, 니지저니 모바일 앱 등 다양한 방법(플랫폼, 디바이스)으로 접속하여 활용할 수 있습니다.

▶ 니지저니는 애니메이션에 등장하는 캐릭터 특화 AI를 가리킵니다. 둘째마당에서 자세히 배울 거예요!

둘째, 미드저니는 똑똑합니다. 미드저니는 실사, 영화, 애니메이션, 3D, 유화, 수채화, 브랜드/UX/UI 디자인 등 모든 분야를 아울러 작업이 가능합니다. 각 분야의 전문 지식을 가지고 있어서 프롬프트를 작성하는 사용자가 분야에 해당하는 키워드를 프롬프트에 적절히 사용한다면 훌륭한 이미지를 생성할 수 있습니다. 실제로 미드저니를 활용하여 AI 영화, 광고, 애니메이션 등을 국내외에서 제작하고 있는데, 다른 생성 AI 도구들에 비해 월등한 디테일을 보여 줍니다. 따라서 미드저니를 잘 활용하려면 미드저니가 알고 있는 키워드를 잘 뽑아낼 수 있도록 만들고자 하는 이미지를 그릴 도구에 관한 지식(카메라 기종, 3D 프로그램, 영화 작업 방식 등)을 갖춰야 합니다.

카메라 구도를 지정해 만든 영화 이미지

색연필로 그린 그림 이미지

셋째, 미드저니는 빠릅니다. 미드저니의 생성 속도는 매우 빠른 편입니다. 이미지를 2배/4배로 키울 수 있는 업스케일링 속도 역시 개선되고 있어서 매우 높은 해상도와 높은 품질의 이미지를 빠르게 생성할 수 있습니다.

넷째, 미드저니의 업데이트가 기대됩니다. 미드저니는 2024년 2월 기준 버전6가 론칭되었습니다. 버전6 업데이트 이전에는 단순히 생성하는 이미지의 디테일에 초점을 맞췄다면 현재는 창의적인 시도를 할 수 있는 업데이트를 진행하고 있습니다.

가장 중요한 것은 이 책을 보고 앞으로 미드저니를 활용하여 더욱 창의적인 도전을 하는 것입니다. 누구나 쉽게, 가벼운 PC로도, 누워서 모바일로도 작업할 수 있는 편리하면서도 가능성이 열려 있는 미드저니를 함께 나누고 싶습니다.

02-2
미드저니, 30분 만에 입문하기

디스코드로 시작하는 미드저니

앞서 언급한 것처럼 미드저니는 디스코드를 통해서 접속할 수 있습니다. 디스코드
는 게임이나 교육, 비즈니스 등의 환경에서 음성, 영상, 텍스트로 이야기를 나눌 수
있는 채팅 플랫폼입니다. 디스코드라는 플랫폼 안에 다양한 서버를 생성할 수 있
고, 그중 하나로 미드저니 서버가 들어가는 것이죠. 미드저니 서버에는 우리의 요
청대로 이미지를 만들어 주는 미드저니 봇이 기다리고 있답니다.

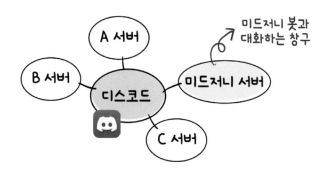

미드저니는 이전까지 무료 체험 서비스로 이미지를 25회 생성할 수 있었습니다.
하지만 유명 인사의 얼굴로 만든 AI 딥페이크 사건 이후 현재는 유료 서비스 플랜
을 구독해야 사용할 수 있습니다. 우선 디스코드에 가입하는 방법부터 미드저니 회
원 가입과 플랜 구독까지 알아보겠습니다.

하면 된다! } 디스코드 가입하기

먼저 미드저니의 플랫폼인 디스코드에 가입해 보겠습니다.

01 웹 브라우저에서 디스코드(discord.com)에 접속한 뒤 화면 오른쪽 상단에 있는 [Login]을 클릭합니다.

운영체제에 따라 다르게 나타납니다. 클릭해서 앱도 내려받으세요!

02 로그인 창에서 사용자 정보 입력란 하단에 있는 [가입하기]를 클릭합니다.

▶ 회원 가입을 마치면 디스코드 모바일 앱으로도 접속할 수 있습니다. PC로 접속한다면 로그인 창 오른쪽에 있는 QR 코드를 모바일 앱으로 스캔해서 바로 로그인할 수 있습니다.

03 [계정 만들기] 창에서 개인 정보를 입력하여 가입을 완료합니다. 가입을 완료하면 [서버 만들기] 창이 뜨는데, 지금은 오른쪽 상단의 ⊠를 누르세요.

▶ '서버 만들기'는 02-3절에서 미드저니 개인 서버를 만들 때 다시 안내하겠습니다.

하면 된다! ╞ 미드저니 가입하기

자, 디스코드 가입은 마쳤습니다. 이제는 미드저니에 가입해서 미드저니를 시작해 보겠습니다.

01 웹 브라우저에서 미드저니(midjourney.com)에 접속한 후 오른쪽 하단에 있는 [Join the Beta]를 클릭합니다.

02 별명에는 미드저니에서 사용할 이름을 입력하고 [계속하기]를 클릭합니다. 디스코드를 통해 가입을 완료하면 바로 디스코드 내 미드저니 서버에 접속됩니다.

▶ 아직 디스코드 가입을 마치지 않았다면 이메일과 비밀번호를 작성해서 계정을 등록해 주세요.

03 가입한 아이디로 입력한 이메일 주소를 확인하는 과정이 있습니다. 디스코드에서 보낸 이메일을 확인하고 [Verify Email]을 클릭해서 인증을 완료하세요.

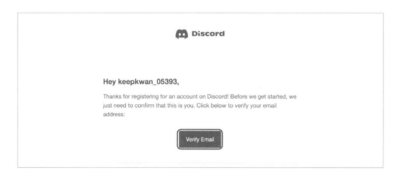

04 돛단배 모양의 미드저니 로고를 클릭해 디스코드에서 미드저니를 접속해 주세요. 미드저니 로고를 클릭하면 다음과 같은 화면이 나타납니다. 그럼 이제 미드저니를 사용할 준비를 마친 것입니다.

하면 된다! ⟩ 미드저니 서버 둘러보기

미드저니 서버가 어떻게 생겼고 어떻게 사용하면 되는지 간단히 살펴보겠습니다.

01 임의의 채널을 하나 선택해서 들어갑니다. 하단에 있는 프롬프트 입력 창에 /imagine을 입력하고 Spacebar 를 눌러 보세요.

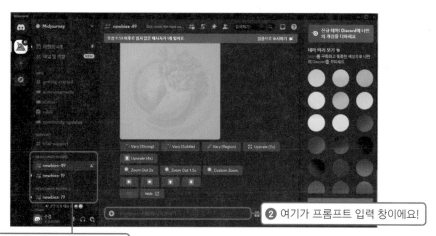

❷ 여기가 프롬프트 입력 창이에요!

❶ 채널 중 하나를 선택합니다.

02 /imagine 오른쪽에 [prompt]라는 키워드 입력 칸이 나타납니다. 여러분이 만들고 싶은 이미지의 키워드를 아무거나 입력하고 Enter 를 눌러 보세요.

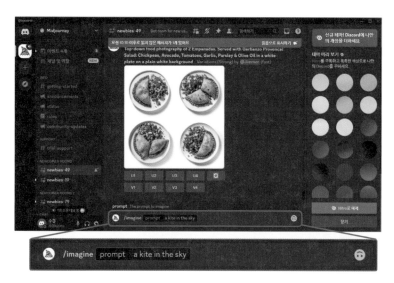

03 미드저니 봇이 구독을 해야 한다는 메시지를 보내 줍니다. 미드저니는 유료 구독을 해야 사용할 수 있으므로 현재는 어떤 키워드를 입력해도 이미지를 만들어 주지 않아요!

이어서 미드저니를 구독하는 방법을 알아보겠습니다.

미드저니 구독 플랜 살펴보기

미드저니는 유료 플랜 구독으로 이용할 수 있습니다. 서비스 중인 플랜에는 베이직, 스탠다드, 프로, 메가가 있습니다. 월간 또는 연간으로 결제할 수 있으며, 그중에서 자신에게 가장 알맞은 것을 선택하면 됩니다. ▶ 스텔스 모드는 생성한 이미지를 웹 사이트에 공개하지 않는 모드입니다.

구분	베이직	스탠다드	프로	메가
월간 구독 비용	10달러	30달러	60달러	120달러
연간 구독 비용	96달러 (8달러/월)	288달러 (24달러/월)	576달러 (48달러/월)	1,152달러 (96달러/월)
패스트 모드	3시간 20분(월)	15시간(월)	30시간(월)	60시간(월)
릴랙스 모드	-	무제한		
동시 작업 수	3개		12개	
스텔스 모드 지원	지원하지 않음		지원함	
터보 모드 지원	-	터보 모드 지원		
저작권	상업적으로 사용 가능			

미드저니에는 패스트(Fast) 모드와 릴랙스(Relax) 모드, 그리고 이미지를 더 빠르게 생성할 수 있는 터보(Turbo) 모드가 있습니다. 터보 모드와 패스트 모드는 프롬프트를 입력하여 이미지 생성 명령을 하면 최대한 빠르게 이미지를 생성합니다.

미드저니는 GPU를 통해 프롬프트의 요청 내용을 이해하고 처리합니다. 패스트 모드에서 이미지를 생성할 때는 GPU 사용 시간에 대한 비용이 드는데, 요금제마다 제공되는 패스트 모드 시간에서 바로 차감됩니다. 특히 이미지를 생성하거나 이미지의 해상도를 확장하는 업스케일링(1.5배, 2배)을 할 때, 그리고 이후에 설명할 튠(tune) 기능을 다룰 때 주로 소모됩니다. 아쉽게도 GPU 사용 시간은 전월에 모두 소진하지 않아도 이월되지 않고 새로 제공합니다.

▶ GPU란 영상 정보를 처리하고 화면에 출력시키는 일을 하는 그래픽 처리 장치를 말합니다. 미드저니에서는 미드저니 서버에 내장되어 있는 걸 가리켜요.

패스트 모드에서 이미지 하나당 1분의 GPU를 사용한다고 가정해 보면, 스탠다드 플랜에서 제공하는 15시간이면 한 달에 약 900장의 이미지를 생성할 수 있습니다. 스탠다드 이상의 플랜으로 작업할 경우 패스트 모드 시간을 모두 소진하면 릴랙스 모드로 자동 전환됩니다. 릴랙스 모드로 전환되면 이미지를 생성하는 속도는 느려지지만 시간에 관계없이 이미지를 무제한으로 생성할 수 있습니다. 베이직 플랜은 릴랙스 모드를 지원하지 않으므로 추가 요금을 지불하거나, 플랜을 스탠다드 이상으로 변경해야 합니다.

작업 창에서 앞으로 GPU를 사용할 수 있는 시간을 확인할 수 있습니다. 프롬프트 입력 창에 /info를 입력하고 (Enter)를 누르면 다음과 같이 정보가 화면에 출력됩니다.

❶ Subscription: 구독하는 플랜을 표시합니다.

❷ Visibility Mode: 미드저니에 가입하면 작업물이 모두에게 공개(Public)되지만, 프로 플랜 이상이라면 스텔스 모드를 활성화해서 미드저니 웹 갤러리에서 아무도 볼 수 없게 할 수 있습니다.

❸ Fast Time Remaining: 현재 사용할 수 있는 패스트 모드의 잔여 시간을 표시합니다.

❹ Lifetime Usage: 가입한 이후 현재까지 작업한 총 이미지 수를 표시합니다.

❺ Relaxed Usage: 가입한 이후 현재까지 릴랙스 모드로 작업한 이미지 수를 표시합니다.

하면 된다! ⟩ 미드저니 유료 플랜 구독하기

그럼 본격적으로 플랜을 구독해 볼게요. 처음 사용하거나 비용이 부담스럽다면 베이직 플랜을 먼저 사용해 보고 스탠다드 플랜으로 넘어가도 좋습니다.

01 디스코드를 통해 미드저니에 접속하고, 왼쪽의 미드저니 채널 목록에서 [newbies-숫자] 가운데 한 곳을 클릭합니다. 하단에 있는 프롬프트 입력 창에 /subscribe를 입력하고 위에 나타나는 [/subscribe]를 클릭하세요.

/s만 입력해도 목록이 나타나는데, 그중에서 [/subscribe]를 클릭해도 됩니다.

02 [Manage Account]를 클릭합니다.

이때 다른 사용자들의 프롬프트와 생성된 이미지에 밀려 위로 올라갈 수도 있으니 기다려도 화면에서 보이지 않으면 마우스 스크롤을 내려 찾으세요.

03 결제 페이지로 이동한 후 [Yearly Billing(연간 결제)]와 [Monthly Billing(월간 결제)] 중에서 하나를 선택합니다. 페이지 하단에서는 각 플랜에 따른 비용과 제공 서비스 내역을 확인할 수 있습니다. [Subscribe]를 클릭해서 결제를 진행하세요.

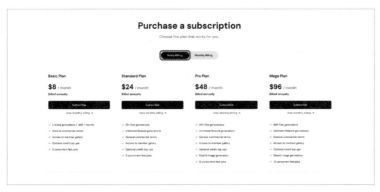

연간 결제 화면

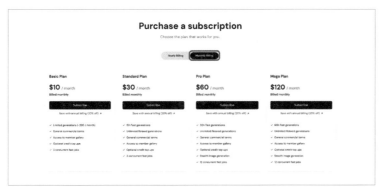

월간 결제 화면

구독 플랜 확인 및 구독 취소하기

미드저니를 이용하다가 플랜을 변경하거나 취소하고 싶을 수 있습니다. 구독 서비스이다 보니 플랜이 종료되는 시점에 자동으로 결제되므로 원치 않는 결제를 막으려면 사전에 구독 취소를 해야 합니다.

미드저니 웹 페이지(midjourney.com/app)에 접속하거나, 미드저니 프롬프트 입력 창에 /subscribe 명령어를 입력해서 [Manage Subscription] 페이지에 접속하면 구독 플랜을 관리할 수 있습니다.

[Cancel Plan]을 클릭하면 구독을 취소할 수 있습니다.

디스코드 화면 살펴보기

디스코드 웹 버전에서 제공하는 기본 메뉴입니다. 미드저니 외에 다양한 서버에 가입하면 왼쪽에 있는 기본 메뉴에 아이콘이 추가됩니다.

미드저니 채널

기본 메뉴

❶ **다이렉트 메시지** 🔘: 대화를 나눌 친구를 추가할 수 있습니다.

❷ **서버 아이콘** 🖼: 서버를 추가하면 이곳에 아이콘이 생성됩니다.

❸ **서버 추가** ➕: 미드저니 개인 서버를 개설할 수 있습니다.

❹ **서버 찾기 살펴보기** 🧭: 디스코드에 있는 다양한 서버들을 확인하거나 검색할 수 있습니다.

❺ **앱 다운로드** ⬇: 윈도우, 맥, 리눅스 등 디스코드 앱을 내려받을 수 있어 웹 브라우저가 아닌 앱으로 실행할 수 있습니다. 디스코드 앱에서는 보이지 않습니다.

❻ **프롬프트 입력 창**: 이미지를 생성하기 위한 프롬프트를 입력하는 창입니다.

미드저니 채널 둘러보기

미드저니 채널은 정말 많습니다. 미드저니의 정보를 제공하거나 이미지를 제작하는 채널들로 구성되어 있습니다.

❶ **announcements:** 미드저니의 업데이트나 오류를 공지하는 채널입니다.

❷ **NEWCOMER ROOMS:** 처음 가입하면 가장 먼저 이미지를 생성하는 채널입니다.

❸ **CHAT:** 전 세계 미드저니 사용자들이 모여 특정 주제를 가지고 이야기를 나누는 곳입니다. 다양한 프롬프트나 AI 아트에 대한 견해를 접할 수 있습니다.

❹ **SHOWCASE:** 미드저니의 업데이트 내용을 이미지로 선보이는 곳입니다.

❺ **THEMED IMAGE GEN:** 다양한 테마로 작업할 수 있는 채널입니다. 특히 [daily-theme]에는 미드저니에서 매일 다양한 주제를 보내 주는데, 한 가지 주제로 모든 사람들이 작업하므로 이곳에서 연습한다면 프롬프트의 이해도를 높일 수 있습니다.

❻ **GENERAL IMAGE GEN:** 유료 플랜으로 가입한 후 일정 시간 작업하고 나면 자연스럽게 오픈되어 작업할 수 있는 채널입니다.

처음이라면 뉴비 채널에 접속하세요!

미드저니에 처음 접속했다면 가장 먼저 [NEWCOMER ROOMS] 채널의 하위 메뉴로 나열되어 있는 [newbies-숫자] 채널에서 작업하세요. 각 방마다 붙은 숫자는 상관없고, 편한 곳으로 접속해서 작업하면 됩니다. 해당 방에 들어가면 전 세계 모든 사용자가 다양한 프롬프트를 작성하고 있고, 그에 맞춰 AI가 생성한 이미지들이 올라오고 있습니다.

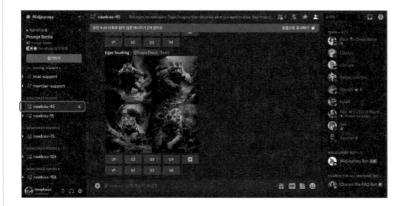

영어로 가득한 문장들, 게다가 처음보는 용어들로 가득한 텍스트의 향연 속에서 지금은 어떻게 해야 할지 몰라도 괜찮습니다. 이제부터 차근차근 하나하나 만들어 나가면 되니까요.

미드저니 개인 서버 만들기

미드저니에 있는 기존의 채널에서 작업하면 작업물이 해당 서버에 들어와 있는 모든 사용자에게 공개됩니다. 다른 사용자들의 작업물과 프롬프트도 확인할 수 있어 정보를 얻을 수 있다는 장점이 있어요. 한편 너무 많은 사용자가 접속해 있어 프롬프트를 입력하는 와중에도 이미지가 끝없이 올라와서 새롭게 이미지를 생성했을 때 스크롤을 내려야 결과물을 확인할 수 있다는 불편함이 있습니다.

스크롤을 내려야 새로운 이미지를 볼 수 있어요!

차분하게 혼자 작업하고 싶거나, 작업물을 프로젝트별로 정리하고 싶을 때, 그리고 개인 이미지를 비공개로 작업하고 싶다면 나만의 작품 갤러리가 될 개인 서버를 개설해서 따로 작업하는 것을 추천합니다.

하면 된다! 〉 미드저니 개인 서버 만들기

나만의 작품 갤러리로 이용할 개인 서버를 만들어 보겠습니다.

01 개인 서버를 만들기 위해 디스코드 왼쪽 메뉴에서 [서버 추가]를 클릭합니다.

클릭

02 [서버 만들기] 창이 나타나면 [직접 만들기 → 나와 친구들을 위한 서버]를 선택합니다. 서버 이름에는 개인 서버 이름을 입력하고 [만들기]를 클릭합니다.

03 디스코드 기본 메뉴에 새 서버가 등록됩니다.

04 이대로 바로 미드저니를 이용하지는 못하고 남은 절차가 있습니다. 개인 서버에 미드저니 봇을 추가해야 합니다. 미드저니의 [newbies-숫자] 채널에 들어가서 메시지 목록에 있는 미드저니 봇 아이콘을 클릭하고 [앱 추가]를 클릭합니다.

05 방금 만든 서버의 이름을 목록에서 확인합니다. 미드저니 봇을 추가할 서버를 선택하고 [계속하기]를 클릭합니다.

06 다시 개인 서버로 돌아와 미드저니가 제대로 작동하는지 확인해 보겠습니다. 메시지 창에 Midjourney Bot님을 환영해요.라는 메시지가 있다면 개인 서버로 잘 들어왔다는 뜻입니다.

이 문구는 랜덤으로 다양하게 나타납니다!

프롬프트 입력 창에 /를 입력하면 미드저니의 명령어들을 목록으로 보여 줍니다. 이로써 개인 서버가 만들어진 것을 알 수 있습니다.

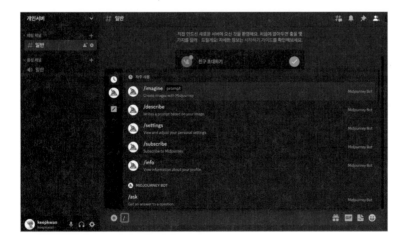

하면 된다! 〉 미드저니 개인 서버 카테고리별로 작업하기

미드저니를 여러 분야에 활용하고 싶은 분들을 위해 추천하는 방법입니다. 미드저니 개인 서버를 개설하고 작업하다가 필요하다면 프로젝트나 그래픽, 사용처별로 채널을 개설해서 사용해 보세요.

01 개인 서버 아이콘과 채팅 채널 오른쪽에 있는 ➕를 순서대로 클릭합니다.

02 [채널 만들기] 창이 나타났나요? 프롬프트는 음성이 아니라 텍스트를 입력하는 것이므로 채널 유형은 [Text]로 설정합니다. 채널 이름은 용도에 따라 정해 주세요. 저는 각 채널의 테마에 맞게 이름 앞에 이모지를 달아 주었습니다. 마지막으로 [채널 만들기]를 클릭합니다.

03 이렇게 정리하는 것은 마치 작업물을 폴더별로 구분해서 정리하는 것과 같습니다. 저는 다음과 같은 방식으로 채널을 구분해서 미드저니 개인 서버를 운용하고 있습니다.

❶ Laboratory: 실험적인 프롬프트를 사용하거나 새로 업데이트되는 미드저니의 기능을 실험할 때 사용합니다. 첫 작업은 이 채널에서 작업하고, 괜찮은 결과물이 나오면 그래픽/프로젝트별 채널로 옮겨 작업합니다.

❷ 그래픽 요소별 채널: 사진, 영화, 일러스트레이션, 애니메이션, 유화 등 그래픽 요소에 따라 채널을 별도로 개설해서 작업하고 있습니다. 그 덕분에 일관된 그래픽 요소로 작업할 수 있고, 그래픽마다 깊이 있는 실험과 디테일한 작업을 할 수 있습니다. 그래픽 요소별 프롬프트 작업 방식은 3장에서 소개합니다.

❸ PFP: 프로필 사진/이미지 형태의 디지털 아트 NFT 채널입니다. 자신을 표현하는 작품/아바타로 활용되는 PFP를 만들 채널을 개설해서 그래픽 요소와 관계없이 인물 위주로 작업합니다. 표정, 옷, 생김새, 효과 등 캐릭터 이미지를 생성하는 프롬프트를 이 채널에서 작업합니다.

❹ Project_[프로젝트명]: 어느 정도 연습을 해서 다양한 작업을 할 수 있게 되면 이야기로만 간직했던 것들을 현실로 가져와 본격적으로 프로젝트를 진행하고 싶을 거예요. 또한 미드저니를 적용하는 현업 프로젝트를 별도로 관리한다면 프로젝트만을 위한 채널을 개설해서 작업하는 것도 좋은 방법입니다.

 서버에 친구들을 초대해 보세요!

서버를 만들고 채널에 들어가면 메시지 창에 여러 가지 활동 목록이 나타납니다. 그중에서 [친구 초대하기]를 클릭하면 친구를 초대할 수 있어요.

[친구 초대하기] 화면이 출력됐나요? 친구의 디스코드 아이디를 입력하여 직접 초대할 수도 있고, 서버 초대 링크를 복사하여 카카오톡 등 기타 메신저로 보내도 됩니다.

이때 알아 둬야 할 것은 기본 초대 링크의 잔여 유효 기간이 [7일]로 설정되어 있다는 거예요. 친구가 초대 링크를 미처 발견하지 못한다면 7일 이후에는 초대 링크를 눌러도 그룹으로 초대할 수 없습니다. 가장 하단에 있는 [초대 링크 편집하기]를 클릭하여 잔여 유효 기간을 [만료 기간 없음]으로 설정하세요.

이렇게 서버에 친구를 초대하면 친구와 함께 단독 공간 안에서 즐거운 생성 AI 이미지 창작 시간을 보낼 수 있습니다.

지금까지 미드저니의 시작을 함께 해봤습니다. 첫걸음부터 조금 복잡했을지도 모르겠습니다. 이어서 미드저니에서 다루는 주요 명령어와 활용법, 그리고 구체적인 프롬프트 입력 방법을 본격적으로 이야기해 보겠습니다. 이미지 생성 AI 여행을 계속 이어 나가 볼까요?

02-3

생성부터 변형까지, 안 되는 게 없는 미드저니

이제 미드저니를 활용해 볼 시간입니다. 유료 결제를 해야만 따라 할 수 있으니 반드시 구독을 해주세요.

미드저니의 시작, /imagine

화면 하단의 프롬프트 입력 창에는 ⊕ 버튼과 함께 '#newbies-숫자에 메시지 보내기'라는 문구가 적혀 있습니다. 바로 이곳에 프롬프트를 작성하면 됩니다.

프롬프트는 쉽게 말해서 AI에게 나의 이야기를 전달하는 언어이자 명령어입니다. 미드저니는 대화를 시작하기에 앞서 /imagine을 입력합니다.

저는 이 부분이 참 매력적이라고 생각해요. 달리나 스테이블 디퓨전에 기반한 이미지 생성 AI는 /generate 또는 /gen으로 시작하거든요. "생성해라!" 대화를 시작하는데 조금 차가운 느낌이 나는 것 같아요. 그런데 미드저니는 /imagine을 시작으로 프롬프트를 작성합니다. "생성해라"가 아니라, "상상해라" 또는 함께 "상상하자"라며 대화를 시작하는 점이 다른 서비스에 비해 좀 더 따뜻한 느낌을 주더라고요. /imagine 뒤로는 그리고 싶은 이미지에 대해 구체적으로 적으면 됩니다.

지금은 처음이니 너무 복잡한 글 대신 가장 먼저 떠오르는 단어 또는 이미지를 글로 적어 보세요. 참, 영어로 프롬프트를 작성해야 한다는 점에서도 처음부터 벽에 부딪힐 수 있습니다. 괜찮아요, 우린 그저 인공지능과 첫 대화를 시작하는 것이고 알아가는 과정이니까요!

하면 된다! ╏ 미드저니 한 번 사용해 보기

우선 간단한 단어부터 적어 볼까요? 어떤 이야기를 프롬프트에 옮겨야 할지 막막하다면 저처럼 주변을 둘러보세요. 소재는 항상 우리 주위에 있습니다.

01 지금 제가 앉아 있는 카페에는 빌리 조엘[Billy Joel]의 〈Piano Man〉이 흘러나오고 있는데요. 음악 속 주인공 피아노맨을 프롬프트에 옮겨 볼게요.

> /imagine a piano man

02 Enter를 눌러 프롬프트를 실행하면 (Waiting to start)라는 문구가 나타납니다. 조금 시간이 흐르면 이미지 4개가 생성됩니다. 왼쪽 상단부터 오른쪽 하단까지 1, 2, 3, 4의 순서로 봐주세요.

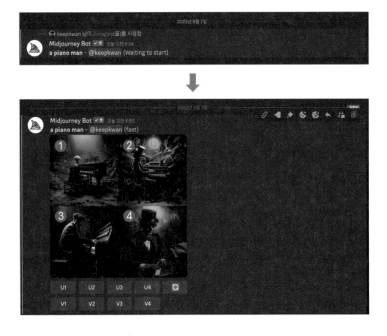

미드저니는 여러분에게 그 이미지들을 제안하며 묻습니다. "이 이미지들이 원하는 이미지와 맞습니까?" 그리고 이렇게 제안받은 4개의 이미지 하단에는 각각의 기능이 담긴 여러 개의 버튼이 표시됩니다.

이미지 제안에 응답하는 3가지 방법

이미지 하단에 표시되는 버튼의 기능을 알아보겠습니다. U가 들어가는 버튼 4개는 이미지의 크기를 확대하는 역할이고, V가 들어가는 버튼 4개는 이미지를 변형하는 역할입니다. 그리고 새로 고침 모양의 아이콘이 들어간 버튼은 아예 새로운 이미지를 요청하는 버튼입니다. 각 버튼을 눌렀을 때 어떤 결과물이 나타나는지 하나씩 살펴볼게요.

이거 마음에 들어! U1, U2, U3, U4

U^{upscale}(업스케일)은 4개의 이미지 가운데 마음에 드는 이미지를 큰 사이즈로 확장할 때 사용하는 버튼입니다. 예를 들어 3번 이미지가 마음에 든다면 [U3] 버튼을 누르면 됩니다.

처음 생성한 이미지　　　　　　　　　　　　[U3] 버튼을 눌렀을 때 다시 제안받은 이미지

미드저니가 생성한 이미지 4개 가운데 선택한 이미지를 업스케일링(U)하면 이미지 하단에 다양한 메뉴가 출력됩니다. 이 기능들은 63~69쪽에서 자세히 확인할 수 있습니다.

다 좋은데 여기서 조금 더 변화를 넣어 볼까? V1, V2, V3, V4

V^{variation}(변형)은 이미지 4개 가운데 마음에 드는 이미지가 있지만, 그 이미지에 변화를 조금 주고 싶을 때 사용하는 버튼입니다. 1번 이미지가 마음에 들어 [V1] 버튼을 클릭하면 1번 이미지의 형상은 어느 정도 유지하면서 변형을 곁들인 이미지 4장을 다시 제안합니다.

처음 생성한 이미지   [V1] 버튼을 눌렀을 때 다시 제안받은 이미지

다시 만들어 줘! RE-ROLL

새로 고침 모양의 [RE-ROLL 🔄]은 제안받은 이미지가 모두 마음에 들지 않을 때 다시 생성해 달라고 요청하는 기능입니다.

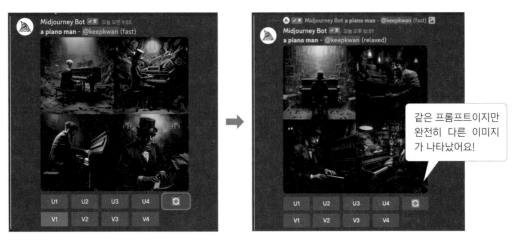

처음 생성한 이미지   [RE-ROLL] 버튼을 눌렀을 때 다시 제안받은 이미지

> 같은 프롬프트이지만 완전히 다른 이미지가 나타났어요!

업스케일링 후 변주를 주는 3가지 방법

이미지를 업스케일링한 이후에 다시 변주를 주고 싶다면 [Vary(Strong)] 또는 [Vary(Subtle)] 기능을 사용합니다. 이때 정확한 지침을 내려 변경하고 싶다면 [Vary(Region)]을 클릭하면 되는데, 원하는 방향으로 프롬프트를 입력하면 요청을 반영해 새로운 이미지를 만들어 줍니다.

단순 변형 요청하기 — Vary(Strong) / Vary(Subtle)

선택한 이미지에서 변화를 좀 더 다양하게 주고 싶다면 [Vary(Strong)]을 선택하면 됩니다.

반면, 선택한 이미지를 최대한 유지하면서 약간의 변화만 주고 싶다면 [Vary(Subtle)] 을 선택하세요.

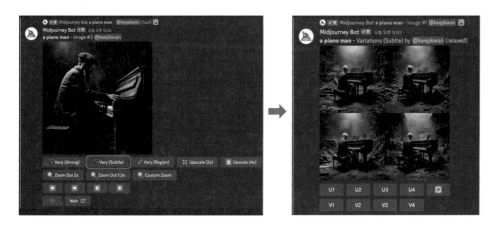

생성된 이미지를 원하는 대로 변형하기 — Vary(Region)

인페인팅^{inpainting}이란 손상된 이미지 부분을 복원하거나 삭제된 부분을 채우는 작업을 말합니다. 미드저니에서도 인페인팅 기능을 사용할 수 있는데요. 미드저니에서 이미지를 샘플 이미지를 하나 만들고 1개를 선택하여 업스케일링(U)한 후 하단 메뉴에서 [Vary(Region)]을 선택해 보겠습니다.

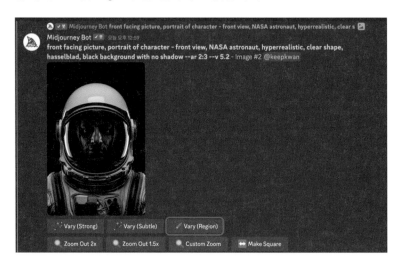

새롭게 출력되는 [Editor] 창의 하단에는 [사각형 선택 도구]와 영역을 드래그로 자유롭게 선택할 수 있는 [올가미 도구]가 있습니다. 둘 중 하나를 선택하고 변형하고 싶은 부분을 마우스로 드래그해서 영역을 설정합니다. 모든 프롬프트를 삭제하고 설정한 영역을 대체할 프롬프트를 입력하면 됩니다.

여기서는 헬멧 안쪽을 선택한 뒤 얼굴 대신 꽃이 자리하고 습기와 수분 등으로 가득 채워 달라고 했습니다. 결과물을 보니 정말 우주인의 얼굴은 사라지고 꽃과 물방울로 바뀌었네요.

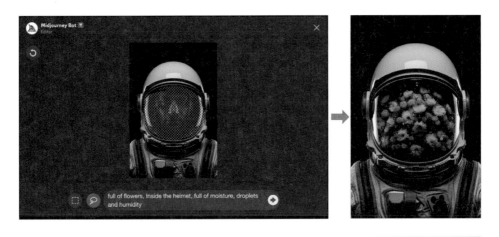

예제 프롬프트	Full of flowers, Inside the helmet, full of moisture, droplets and humidity

이렇게 이미지를 출력한 후에도 다양한 변주를 주어 마음에 들지 않은 부분을 수정하거나 좀 더 창의적인 결과물을 만들 수 있습니다.

보이지 않던 영역까지 넓히는 4가지 방법

미드저니는 이미지에서 보이지 않는 영역을 확장하여 이미지를 생성하는 아웃페인팅^{outpainting} 기능도 사용할 수 있습니다.

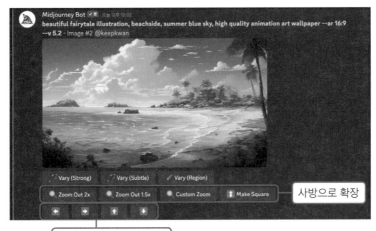

피사체에서 멀어지기 — Zoom Out 2x[1.5x]

줌 아웃 2배[1.5배] 기능으로, 미드저니라는 카메라를 고정한 채 초점 거리를 변화시켜 생성한 이미지(피사체)에서 2배[1.5배]로 멀어진 것처럼 주변 영역을 확장하여 이미지를 생성합니다.

[Zoom Out 2x]를 누른 상태

[Zoom Out 1.5x]를 누른 상태

프롬프트를 추가하여 완전 변형하기 — Custom Zoom

[Custom Zoom]을 클릭하면 줌 아웃을 하기 전에 해당 이미지의 프롬프트를 수정할 수 있는 [Zoom Out] 창이 출력됩니다. 기존에는 아무도 없는 해변이지만 [Zoom Out] 창에서 '해변에서 강아지와 놀고 있는 소년'이라는 내용의 프롬프트를 추가하면 해변가에 소년과 강아지가 생성됩니다. 그리고 [--zoom 1]~[--zoom 2]의 파라미터 값에 따라 이미지의 배율이 정해집니다.

▶ 파라미터란 미드저니의 결과물에 다양성을 부여해 주는 변수 키워드입니다. 02-4절에서 자세히 배울 거예요!

Beautiful fairytale illustration, beach side, Boy and dog playing on the beach. Summer blue sky. high quality animation art wallpaper --v 5.2 --ar 16:9 --zoom 2

[Custom Zoom]을 누른 후 **--zoom 2** 파라미터를 추가로 입력했을 때의 결과물

이번에는 기존의 모든 프롬프트를 지우고 새로운 프롬프트를 적어 볼게요. 이전에 생성한 이미지를 액자로 만들어 호텔 로비에 전시하려고 합니다.

Picture frames hanging in a beautiful resort lobby --v 5.2 --ar 16:9 --zoom 2

위와 같이 작성한 후 [전송]을 클릭해 보세요.

기존 이미지

기존의 프롬프트를 지우고 해당 이미지를 리조트 로비에 걸린 액자에 넣으라고 프롬프트를 입력한 결과물

[Custom Zoom]을 통해 새롭게 입력한 프롬프트 덕분에 기존의 바다 이미지가 호텔 로비에서 전시되는 한 점의 작품으로 변형되었습니다. 기존 이미지 주변을 확장하여 새로운 이미지를 생성하는 아웃페인팅 기능으로 결과물이 보여 주는 영역 자체가 변경된 것이죠.

이미지 비율 1:1로 만들기 ― Make Square

[Make Square]를 클릭하면 해상도가 16:9, 3:2 등인 직사각형인 이미지의 주변 영역을 삭제하거나 생성하여 1:1 정사각형 이미지로 만들어 줍니다.

원본 이미지

[Make Square]를 클릭했을 때 결과물

구름 위쪽과 해안가 아래쪽 부분이 추가되면서 기존 이미지가 위아래로 확장되었습니다. 해상도도 1:1로 바뀐 것을 알 수 있습니다.

이미지 확장하기 — Pan

이미지 하단에 있는 방향키 모양의 버튼을 클릭하면 이미지가 해당 방향으로 확장됩니다.

왼쪽, 위, 아래로 확장한 결과를 보여 드릴게요.

[Pan left(왼쪽으로 확장)]를 클릭한 결과

[Pan up(위쪽으로 확장)]을 클릭한 결과

[Pan down(아래쪽으로 확장)]을 클릭한 결과

이제 미드저니로 어떤 이야기를 이미지로 만들고 싶나요? /imagine 뒤에 여러분의 이야기를 넣고, 상상하는 것을 잘 묘사해서 AI에게 전달해 보세요.

02-4

미드저니표 조미료! 파라미터

파라미터란?

미드저니는 파라미터^{parameter}(매개변수)를 제공합니다. 파라미터란 이미지 결과물에 영향을 미치는 변숫값으로, 프롬프트를 작성할 때 맨 마지막에 입력하면 됩니다. 여기서 살펴볼 주요 파라미터로는 미드저니 버전, 해상도, 창의성 수준, 스타일 강도, 고해상도 이미지, 네거티브 등이 있습니다. 파라미터를 입력할 때는 프롬프트를 작성하고 하이픈을 2번 입력(--)하여 이제부터 파라미터라는 것을 명시해 줘야합니다. 그리고 후에 미드저니에서 제공하는 파라미터 명령어를 입력합니다.

/imagine 프롬프트 --파라미터 값

▶ 해상도나 스타일 강도, 창의성 수준 등을 표현하는 파라미터는 일정 범위의 값을 설정하는 것이 필요하고, 어떤 파라미터는 단독으로 사용하기도 합니다.

파라미터를 작성할 때 가끔 실수로 오류가 발생하는 경우가 있는데요. 주요 원인은 바로 띄어쓰기입니다. 다음 프롬프트와 파라미터의 구조를 볼게요.

하이픈 2개(--)와 파라미터 명령어는 붙이고, 값은 한 칸 띄어 작성해야 합니다. 만약 파라미터와 값을 붙여서 작성한다면 다음과 같이 오류 메시지 창이 나타납니다.

필수 파라미터 11가지

앞서 설명한 대로 프롬프트 뒤에 붙는 파라미터는 생성할 이미지를 제어하는 데 사용합니다. 파라미터만 붙여도 해상도, 버전에 따른 디테일, 창의성 등 이미지에 다양하게 변화를 줄 수 있죠. 미드저니의 대표적인 파라미터 11가지를 다음의 표로 한눈에 살펴본 후 하나하나 자세히 알아보겠습니다.

파라미터	값의 범위	기능
--v	예 5.2, 6(최신 버전)	미드저니 버전 설정하기
--ar / --aspect	예 3:2, 16:9, 21:9	해상도 설정하기
--c / --chaos	0~100	창의성 수준 달리하기
--no	-	특정 내용이 표현되지 않게 하기
--niji	-	애니메이션화하기
--style raw	-	프롬프트를 최대한 그대로 표현하기
--q	.25, .5, 1	품질과 속도 조정하기
--s	1~1000	스타일 강조하기
--stop	1~100	완성도 조정하기
--tile	-	타일 형태의 패턴 만들기
-r / --repeat	2~10(스탠다드), 2~40(프로 이상)	반복하기

하면 된다! } 파라미터 직접 써보기

프롬프트에 앞서 소개한 11가지 파라미터를 직접 써보며 파라미터를 넣었을 때와 넣지 않았을 때의 결과물을 비교해 보세요.

01 미드저니 버전 설정하기 --v

생성하고자 하는 프롬프트를 작성하고 맨 뒤에 --v 6처럼 버전을 입력하면 해당 버전의 성능으로 이미지가 생성됩니다.

▶ 2024년 2월 기준으로 미드저니의 가장 최신 버전은 V6[ALPHA]입니다. 프롬프트 창에 /settings를 입력했을 때 기본 설정이 V6로 되어 있다면 --v 6를 프롬프트에 입력하지 않아도 기본적으로 해당 버전으로 생성됩니다.

푸른 하늘을 올려다 보는 여성의 이미지를 만들어 보겠습니다.

▶ 2024년 2월 기준 --v 6를 입력하지 않아도 해당 버전으로 결과물이 생성됩니다.

예제 프롬프트	/imagine high quality comics illustration, a beautiful blonde female is looking up blue sky, cell shading, photorealistic, intricate detail --ar 16:9

미드저니가 처음 출시된 2022년 7월에는 이미지가 어떻게 출력됐는지 궁금하죠? 파라미터 값에 넣는 버전에 따라 미드저니 버전의 역대 변천사를 확인할 수 있습니다. 자유롭게 바꿔 보세요!

--v 1을 입력한 결과물

--v 2를 입력한 결과물

--v 3를 입력한 결과물

--v 4를 입력한 결과물

--v 5를 입력한 결과물

--v 5.2를 입력한 결과물

미드저니는 계속해서 업데이트되고 있으며 그 변화는 실로 놀라울 정도입니다. 앞으로 출시될 버전들도 무척 기대되고, 여러분이 미드저니와 함께 만들어 나갈 작품의 변화 과정도 궁금합니다.

02 해상도 설정하기 --ar / --aspect

미드저니에서는 기본적으로 이미지를 정사각형 비율(1:1)로 출력합니다. 인스타그램에는 그대로 사용해도 무방한 비율이죠. 하지만 목적에 따라 이미지 해상도를 다양하게 만들 수 있어야 합니다. --ar 뒤에 비율을 적으면 해당 비율로 이미지가 생성됩니다.

--ar 파라미터 없이 단순하게 이미지 내용과 관련된 프롬프트를 입력하면 다음과 같이 이미지가 1:1로 생성됩니다.

예제 프롬프트	/imagine beautiful flower garden

바로 전에 입력한 프롬프트 뒤에 **--ar 16:9**를 추가해 보겠습니다. 이미지의 해상도를 16:9로 생성하라는 파라미터죠. 그러면 다음과 같이 가로가 긴 비율로 이미지가 생성됩니다.

▶ **--ar** 또는 **--aspect** 뒤에 나오는 비율은 소수를 제외하고 다양하게 설정할 수 있습니다.

예제 프롬프트	/imagine beautiful flower garden --ar 16:9

03 의외의 결과 생성하기 --c / --chaos

미드저니에서는 기본 프롬프트 뒤에 **--c** 또는 **--chaos** 파라미터를 붙이면 뒤에 추가하는 값에 따라 이미지 4개를 완전히 다른 창의성 있는 방향으로 생성합니다. **--c[chaos]** 파라미터는 숫자(1~100)와 함께 사용합니다. 0부터 100까지의 숫자를 뒤에 적으면 되는데, 어떤 이미지를 만들지 아이디어가 잘 떠오르지 않거나 생각지도 못한 결과물로 영감을 얻고 싶을 때 사용하면 좋습니다. 미드저니에게 '내가 전달하는 이야기를 기본으로 하되, 디자인은 [0~100]% 정도 너에게 일임할게'라는 뜻으로 활용하는 것이죠.

--c의 값에 따라 다음과 같은 결과물을 비교해 볼 수 있습니다.

예제 프롬프트	/imagine portrait of man in astronaut helmet --c 0

프롬프트 뒤에 --c 0을 입력한 경우

프롬프트 뒤에 --c 2를 입력한 경우

프롬프트 뒤에 --c 60을 입력한 경우

프롬프트 뒤에 --c 100을 입력한 경우

--c 100에 가까울수록 작성한 프롬프트와 점점 거리가 멀어지는 것이 보이나요? 정말 생각지도 못한 이미지들이 나오니, 꼭 시험해 보세요.

04 특정 내용을 표현하지 않도록 하기 --no

프롬프트 뒤에 --no [키워드]를 붙이면 해당 키워드가 이미지에 나오는 확률을 낮춰 줍니다. 아예 나오지 않게 하는 것은 아니고, 어디까지나 확률을 낮추는 기능입니다. 예를 들어 풍경만 나오도록 프롬프트를 작성했는데 계속 사람이 등장한다면, 프롬프트 뒤에 --no human을 입력해서 사람이 출력되지 않도록 하는 것이죠.

다음과 같이 프롬프트를 입력하면 유리 온실 속 아름다운 꽃들이 피어 있는 정원이 생성됩니다.

예제 프롬프트	/imagine beautiful flower garden in the glass dome

프롬프트에 --no green leaves를 추가해 보겠습니다.
초록색 잎을 모두 없애지는 못하지만 그래도 꽃을 더욱 강조한 유리 온실 정원 이미지를 생성합니다.

이렇게 뒤에 --no 파라미터를 추가하는 것만으로도 네거티브 프롬프트와 유사하게 이미지를 제어할 수 있습니다.

예제 프롬프트	/imagine beautiful flower garden in the glass dome --no green leaves

▶ 이미지에 표현되지 않아야 하는 키워드를 넣은 프롬프트를 '네거티브 프롬프트'라고 합니다.

또한 --no 파라미터는 뒤에 ::숫자를 붙여서 적용 강도를 조절할 수 있습니다.

예제 프롬프트	/imagine beautiful flower garden in the glass dome --no green leaves::4

다른 값의 파라미터도 입력해 보세요. 분홍색 꽃의 수를 줄이기 위해 **--no pink** 파라미터를 사용하면서, 명령어 강도로 **4**를 적용했습니다. 명령어 강도의 기본값은 1입니다. 값을 따로 지정하지 않고 생성했을 때 영향이 미미해 보인다면 1 이상의 값을 적용하면 됩니다.

예제 프롬프트	/imagine beautiful flower garden in the glass dome **--no pink::4**

05 일본 애니메이션 풍의 이미지 만들기 --niji

--niji 파라미터는 미드저니와 일본의 스펠브러시^{Spellbrush}가 함께 만든, 애니메이션과 만화에 특화된 생성 AI 모델 니지저니와 관련된 파라미터입니다. 니지저니는 사이트(nijijourney.com/ko)를 통해 니지저니의 디스코드 서버에 접속해서 작업할 수도 있고, 미드저나나 개인 서버 내에서 파라미터를 추가해서 애니메이션 그림체를 생성할 수도 있습니다. 2024년 2월 기준 니지저니 버전은 6이므로 파라미터를 작성할 때 **--niji 6**을 입력하면 됩니다.

아주 간단한 프롬프트로 미드저니와 니지저니의 차이점을 비교해 보겠습니다. 한 남학생을 만들어 달라고 프롬프트를 입력해 보겠습니다.

예제 프롬프트	/imagine a boy student **--niji 6**

/imagine a boy student

/imagine a boy student --niji 6

어떤가요? 미드저니의 기본 이미지와 --niji 6를 붙인 이미지의 차이가 보이나요? 같은 프롬프트 a boy student를 사용했지만 뒤에 어떤 파라미터를 붙이는지에 따라 생성되는 이미지가 완전히 달라집니다. --niji 파라미터는 애니메이션에 특화되었기에 이미지의 색감이나 외형, 창의성에서 특별합니다. 뒤에 따로 소개해 드리겠지만 --niji를 애니메이션 작화용으로 사용하지 않고, 색감을 중심으로 활용해서 멋진 작품을 만드는 프롬프트도 있습니다.

--niji와 함께 사용하는 파라미터

2024년 2월 기준 니지저니의 최신 버전은 6이지만, 추가 파라미터는 아직 준비 중에 있습니다. 그래서 여기서는 --niji 5를 사용한 이미지를 예시로 들어 설명하겠습니다.

자고 일어나면 뻗친 머리를 보고 "머리에 새집 지었니?"라고들 하죠? 갑자기 그 말이 생각나서 다음과 같이 프롬프트를 적어 봤습니다.

/imagine a girl with a nest over her head --niji 5

이제 이 프롬프트 뒤에 이미지를 제어하는 다음 3가지 파라미터가 추가로 붙을 때 어떤 변화가 있는지 살펴보겠습니다.

❶ --style cute: 캐릭터의 얼굴형과 표정, 눈매 등에 귀여운 특징을 강화하고 2D 캐릭터 느낌을 더욱 강조합니다.

/imagine a girl with a nest over her head
--niji 5 --style cute

❷ --style expressive: 명암과 입체 효과가 추가되면서 마치 3D 렌더링을 부여한 듯한 애니메이션 그림체로 그려집니다. 고품질 표현과 빛 표현이 더해져서 아름다운 이미지를 생성할 수 있습니다.

/imagine a girl with a nest over her head
--niji 5 --style expressive

❸ --style scenic: 이름 그대로 배경에 집중합니다. 캐릭터에 몰입하는 정도는 다소 떨어지지만, 게임이나 애니메이션 콘셉트 아트 등의 용도로 사용할 때 유용합니다. 배경 미술에 특화된 파라미터로, 풍경 요소와 빛에 충실하며 넓은 화각으로 촬영한 듯 시원한 이미지로 제작됩니다.

/imagine a girl with a nest over her head --niji 5 --ar 16:9 --style scenic

위 이미지들은 파라미터의 효과를 비교하려고 모두 동일한 프롬프트로 작성했습니다. 단, --style scenic과 같은 배경 특화 파라미터는 사람이 들어 있는 이미지보다 배경 미술을 작업할 때 사용하는 것을 추천합니다.

06 프롬프트를 최대한 그대로 생성하기 --style raw

미드저니는 보통 프롬프트에 담긴 내용을 그대로 반영해서 샘플을 생성하지만, 때때로 생각한 것보다 지나치게 아름다운 이미지를 생성하기도 합니다. 고품질 이미지를 만들어 주려는 미드저니의 의도도 좋지만 입력한 프롬프트 그대로 충실히 반영해 줬으면 할 때가 있는데요. 프롬프트 뒤에 --style raw를 입력하면 프롬프트를 그대로 반영한 이미지를 생성합니다.

예제 프롬프트	/imagine An old treasure chest hidden in the forest lying on the ground, surrounded by leaves and moss --style raw

--style raw 파라미터를 적용하지 않은 이미지   --style raw 파라미터를 적용한 이미지

왼쪽의 이미지는 --style raw 파라미터를 적용하지 않아 오래된 보물 상자인데도 광원 효과를 비롯해 깨끗하고 과한 장식이 달리면서 스타일리시해 보입니다. 반면 --style raw 파라미터를 추가한 오른쪽 이미지는 프롬프트 그대로 이끼와 나뭇잎으로 둘러싸인 오래된 보물 상자 느낌이 잘 표현되었습니다.

07 품질 설정하기 --q

이미지의 품질(화질)을 설정하는 --q 파라미터는 품질을 뜻하는 단어 quality에서 따온 파라미터입니다. --q 파라미터는 반드시 값을 입력해야 합니다. 사용할 수 있는 값은 0.25, 0.5, 1이고, 기본값은 1입니다.

❶ --q .25: 품질을 25% 낮추며, 생성 속도는 4배 빨라집니다.
❷ --q .5: 품질을 50% 낮추며, 생성 속도는 2배 빨라집니다.

02-2절에서 미드저니는 구독 플랜에 따라서 이미지를 생성할 수 있는 시간이 달리 제공된다고 했습니다. 따라서 특정 프롬프트를 연구하거나 실험하려고 사용할 때는 --q 파라미터로 품질을 낮추고 생성 시간을 단축시켜서 차감되는 시간을 아끼는 것을 추천합니다.

--q(파라미터)	품질(화질)	생성 속도
--q .25	25% 낮은 품질	4배 속도 1/4 GPU
--q .5	50% 낮은 품질	2배 속도, 1/2 GPU
--q 1	기본값	

08 스타일 강조하기 --s

--s 파라미터는 생성되는 이미지의 스타일을 강조하거나 반대로 스타일의 디테일을 줄일 때 사용합니다. 단독으로 사용할 수 없고 1~1000의 값과 함께 입력해야 합니다. 기본값은 100이고, 스타일을 줄일 때는 100 이하의 값을, 스타일을 강조할 때는 100 이상의 값을 입력하면 됩니다.

예시를 통해 값에 따라 이미지가 어떻게 달라지는지 확인해 보겠습니다. 다음은 미드센추리^{Midcentury} 모던 양식의 사무실 건물을 디자인한 프롬프트입니다.

예제 프롬프트	/imagine Midcentury Modern office exterior with lots of sunlight style photorealistic with cinematic lighting --ar 3:2

▶ 프롬프트 뒤에 --s 100을 입력해도 유사한 수준의 결과물이 나옵니다.

프롬프트 뒤에 --s 파라미터를 추가해 보겠습니다.

예제 프롬프트	/imagine Midcentury Modern office exterior with lots of sunlight style photorealistic with cinematic lighting --ar 3:2 --s 10

프롬프트 뒤에 --s 10을 입력한 결과물

프롬프트 뒤에 --s 1000을 입력한 결과물

왼쪽의 이미지는 --s 10을 적용한 것으로 군더더기 없이 깔끔한 스타일의 사무실 외관으로 생성되었습니다. 오른쪽 이미지는 최댓값 --s 1000을 입력한 결과물로, 이전의 두 이미지보다 스타일이 상당히 복잡하고 다양하게 추가되었습니다.

09 미완성 상태에서 멈추기 --stop

미드저니에 프롬프트를 입력하면 화면에는 이미지가 생성되는 과정이 완성도(퍼센트)와 함께 나타납니다. 이미지가 생성되는 동안에는 이미지가 희뿌연 형상으로 나타나고 어떻게 완성되는지 알 수 없는 상태로 100%가 될 때까지 기다려야 합니다. 이때 --stop 파라미터를 함께 입력하면 이미지 생성 작업을 어느 정도 선에서 멈추도록 직접 명령할 수 있습니다.

춤을 추고 있는 여성의 이미지를 만들어 보겠습니다.

예제 프롬프트	/imagine watercolor painting of woman is dancing on the moon surface, beautiful space background, use wet brushes, white and black colors --ar 16:9

프롬프트 맨 뒤에 **--stop 35**, 즉 35%를 완성하면 멈추라는 파라미터를 입력해 보겠습니다. 이렇게 되면 이미지가 생성되는 35% 지점에서 이미지 생성을 완료합니다. 다른 값을 설정한 결과물도 함께 살펴보겠습니다.

예제 프롬프트	/imagine watercolor painting of woman is dancing on the moon surface, beautiful space background, use wet brushes, white and black colors --ar 16:9 --stop 35

--stop 35를 입력한 결과물

--stop 60을 입력한 결과물

왼쪽의 이미지부터 볼게요. **--stop 35** 파라미터를 추가하여 생성 35% 지점에 멈추도록 했습니다. 어떤가요? 흐릿한 형체이지만, 저는 이 결과물도 무척 마음에 들더라고요. **--stop 60**을 입력해서 생성 60% 지점에서 멈춘 이미지도 만들어 봤습니다. 어느 정도 형태가 잡혀 가고 있고, 블러 처리한 듯한 형상이 무척 멋져 보입니다. **--stop**은 좀처럼 쓰임이 없을 것 같지만 영감을 얻고자 하는 콘텐츠를 만들 때 유용하게 사용할 수 있습니다.

10 타일 형태의 패턴 만들기 --tile

배경 이미지를 만들거나 인테리어 시공
을 할 때 사용하는 타일, 옷 등에 사용하
는 패턴 그래픽을 미드저니로 만들 수
있습니다.

--tile은 프롬프트 마지막에 단독으로
붙여 주기만 하면 됩니다.

예제 프롬프트	/imagine Galaxies and stars made from ceramic sculptures, space theme --tile

은하계와 별을 세라믹 조각으로 만들도록 프롬프트를 작성하고, 이것을 패턴화하
기 위해 마지막에 --tile 파라미터를 하나 추가했을 뿐인데
이미지가 패턴 형식으로 생성되었습니다.

> 이미지 하나를 선택해서
> 복제하면 끊김 없이 자연
> 스럽게 이어집니다.

다시 만들어 달라는 [RE-ROLL] 버튼을 누르지 않고 방금 작성한 프롬프트를 여러 번 작업할 수 있도록 설정하는 파라미터가 있습니다. 바로 **--r** 또는 **--repeat** 입니다. 프롬프트를 작성하고 맨 뒤에 **--r** 또는 **--repeat** 파라미터와 반복 작업할 횟수를 값으로 적으면 입력한 수만큼 작업이 자동으로 반복됩니다.

예제 프롬프트	/imagine beautiful diamond mask **--repeat** 4

'정말 이 프롬프트로 4번 실행할 것인가요?'라는 질문에 [YES]를 클릭합

니다. N번 실행한다는 것은 그만큼 GPU 사용 시간을 소모한다는 것이므로 동의를 구하는 것이죠. 기본 프롬프트만 입력하면 프롬프트 1개당 이미지를 총 4개 생성하지만, **--repeat** 파라미터를 뒤에 붙이면 다음과 같이 프롬프트 1개당 총 4*N개의 이미지를 한 번에 만들어 줍니다.

▶ 스탠다드 구독자라면 N에 2~10까지 입력할 수 있고(2~10번의 자동 반복 가능), 프로 이상의 구독자라면 2~40까지 입력할 수 있습니다(2~40번의 자동 반복 가능).

하면 된다! ⟩ 파라미터 단축어로 만들기

미드저니를 사용하다 보면 특히 자주 사용하는 파라미터가 생깁니다. 같은 파라미터를 그때그때 입력하는 게 참 번거롭기도 하고 따로 메모해서 복사 붙여넣기하기도 귀찮죠. 이럴 때는 미드저니에서 제공하는 파라미터 단축어 기능을 활용하면 됩니다. /prefer option set은 자주 사용하는 파라미터를 단축어로 지정하고 목록화할 수 있는 기능입니다.

01 미드저니 화면 하단에 있는 프롬프트 입력 창에 /prefer option set을 입력합니다.

02 [option] 바로 뒤에는 단축어로 사용할 이름으로 ns를 적고 오른쪽 방향키를 누릅니다. 목록에 나타나는 [value] 옵션을 클릭합니다.

03 단축어로 만들 파라미터를 등록합니다. 여기서는 --ar 9:16 --niji 5 --style expressive를 입력하고 Enter를 누릅니다.

04 프롬프트 입력 창에 /imagine a boy student --ns라고 입력해 보세요. 단축어가 잘 적용되는 것을 확인할 수 있습니다.

02-5

프롬프트 법칙! 블록 맞춰 작성하기

최종 결과물에 도달하는 과정

저는 그동안 미드저니, 스테이블 디퓨전과 같은 이미지 생성 AI를 다뤄 오면서 어떻게 하면 생각한 이야기를 그대로 현실로 가져올 수 있을지 많은 고민을 해왔습니다. 프롬프트를 적을 때마다 어떤 방식으로 텍스트를 입력해야 AI가 나의 뜻을 잘 이해할지 궁리하고 여러 가지 시도를 해오면서 특정 규칙을 발견하게 되었습니다. 저는 다음 순서로 프롬프트를 작성합니다.

❶~❸ 과정은 우리가 이야기를 짓는 능력과 그것을 이미지로 구현하는 데 필요한 다양한 지식을 수집하는 것에 초점이 맞춰져 있습니다. ❹ 과정에서는 생성 AI에게 공을 던져 일을 맡기게 되는데요. 즉, 인간이 지은 이야기와 수집한 지식을 프롬프트라는 공으로 던지는 행위인 캐치볼을 실전에 적용하는 것이죠.

미드저니는 다양한 데이터를 가지고 있습니다. 우리가 만들고자 하는 세계를 그리는 도구들도 이미 학습되어 있습니다. 다만 우리는 아직 미드저니가 어떤 도구를 갖고 있고, 그 도구를 사용하는 방법이나 우리의 이야기를 어떻게 묘사해서 전달해야 하는지 모릅니다. 따라서 ❶~❸ 과정에서 미드저니가 갖고 있는 도구를 알아내고 꺼내어 사용할 준비를 해야 합니다.

다음 두 가지 프롬프트 예시를 보며 프롬프트 작성법을 알아보겠습니다.

프롬프트 예시 1. 이끼 위에 올려놓은 헬멧

다음은 축축한 이끼로 가득한 돌 위에 헬멧을 올려놓은 이미지입니다. 이 이미지를 만들 때 상상한 것은 오랜 시간 동안 버려진 숲속에서 발견된 헬멧이었는데, 이상하리만큼 깨끗하게 잘 보존된 것을 그려 보고 싶었습니다.

선택한 그래픽은 실사로 작업하고 싶었고, 그것을 찍는 카메라로 소니 A7R(Sony A7R)과 소니 매크로 렌즈(Sony FE 90mm f/2.8 Macro G OSS)를 선택했습니다. 해당 카메라와 렌즈를 선택한 이유는 단순히 제가 갖고 싶어서였어요. 당장 카메라와 렌즈를 구입할 수는 없지만 미드저니를 활용하면 무엇이든 찍을 수 있으니, 카메라와 렌즈를 직접 들고 있다고 상상하며 작업했습니다.

이제 앞의 이미지를 만들 때 사용한 프롬프트를 공개하겠습니다.

/imagine photography of object, A futuristic astronaut helmet made of transparent plastic vinyl and flowers rests on a rough stone plate, which is covered with damp moss and a little water, warm nature lighting, photorealistic, shot on Sony A7R, Sony FE 90mm, f/2.8, Macro G OSS lens --style raw --ar 3:2

이 프롬프트를 블록으로 나눠서 보여 드리겠습니다.

1. 전체 그림/그래픽 요소	2. 이야기(묘사)	
photography of object	A futuristic astronaut helmet made of transparent plastic vinyl and flowers rests on a rough stone plate, which is covered with damp moss and a little water	
3. 효과	4. 도구	5. 파라미터
Warm nature lighting, photorealistic	shot on Sony A7R, Sony FE 90mm, f/2.8, Macro G OSS lens	--style raw --ar 3:2

/imagine 이후 가장 먼저 작성하는 블록은 [1. 전체 그림/그래픽 요소]입니다. 미드저니로 이미지를 생성하기 전에 머릿속에 구상한 이야기를 어떻게 표현할지, 큰 그림을 어떻게 구상할지 적는 부분입니다. 물건, 인물, 배경, 상징 등 주제에 쓰일 소재의 대분류와 그것을 표현할 사진, 영화, 일러스트, 유화, 수채화, 조각 등 그래픽 요소를 가장 먼저 작성합니다. "이런 주제로 그림을 그릴 것이니 내 이야기를 잘 들어 줘"라며 운을 떼는 과정이죠.

그다음에는 [2. 이야기]를 본격적으로 적습니다. 간단하게 단어만 적어도 훌륭한 이미지를 만들 수 있지만 여러분이 상상한 이야기를 더욱 생생하게 표현할 수 있는 중요한 작업이에요. 인물이라면 얼굴, 전신 등 이미지에서 중점으로 표현할 부위와 인물이 입은 옷의 형태, 재료, 해당 인물이 있는 시간과 장소 등을 세밀하게 묘사합니다.

다음으로 이야기를 더욱 풍부하게 하는 디테일은 [3. 효과]에 적습니다. 사진이라면 조명, 카메라의 구도, 빛의 방향 등일 것이고, 유화나 수채화라면 젖은 붓인지 마른 붓인지, 물감의 질감은 부드러운지 꾸덕꾸덕한지, 번짐 정도는 어떤지 등 다양한 표현 방식을 사용할 수 있어요.

이야기를 표현하고 디테일한 효과를 주는 [4. 도구] 블록이 이어집니다. 도구는 정보 수집 과정이 필요합니다. 카메라라면 해당 브랜드의 카메라가 색감을 어떻게 표현하는지 알아야 하고, 채색 도구라면 유화 물감, 수채화 물감, 스프레이 등이 각 제조사별로 어떤 효과를 내는지 공부해야 하죠. 도구 지식을 잘 정리해 두면 상상하는 이미지를 그려 낼 적합한 도구를 손쉽게 선택할 수 있습니다.

마지막으로 02-4절에서 배운 파라미터를 [5. 파라미터]에 적는 것으로 최종 출력될 이미지의 품질과 해상도 등을 제어합니다.

프롬프트 예시 2. 오일 파스텔로 그린 글래디에이터

앞서 배운 프롬프트 블록을 바탕으로 이번에는 오일 파스텔을 도구로 사용해 보겠습니다. 다음 이미지를 보면 피와 땀으로 얼룩진 글래디에이터가 콜로세움 경기장 한가운데에 서서 고함을 지르고 있습니다. 거칠고, 끈적하고, 잔혹한 풍경을 그려 낼 도구를 고민하다가 오일 파스텔의 꾸덕꾸덕한 질감이 생각나 그것을 활용하기로 했습니다. 여러 색상 가운데 다소 바랜 듯한 느낌을 주는 muted colors 키워드를 프롬프트 블록에 활용했습니다.

글래디에이터 이미지를 만들 때 작성한 프롬프트는 다음과 같습니다.

```
/imagine oil pastels painting of back view and low angle of A gladiator, covered in
blood and sweat, stands in the middle of the Colosseum arena and roars, gooey oil
pastel textures, muted colors, Sennelier oil pastel --ar 16:9 --niji 5
```

프롬프트를 블록 위치에 따라 정리해 보면 다음과 같습니다.

1. 전체 그림/그래픽 요소	2. 이야기(묘사)	
oil pastels painting	of back view and low angle of A gladiator, covered in blood and sweat, stands in the middle of the Colosseum arena and roars	
3. 효과	4. 도구	5. 파라미터
gooey oil pastel textures, muted colors	Sennelier oil pastel	--ar 16:9 --niji 5

이미지 속 글래디에이터는 피와 땀으로 얼룩져 있습니다. 여기서 중요한 것은 주인공의 위치와 구도입니다. 글래디에이터의 현재 상황과 그의 모습을 가장 잘 그려 낼 수 있는 구도는 상처투성이의 넓은 등을 조금 아래에서 촬영한 듯한 '로 앵글'입니다. 아래에서 위를 바라보는 구도로 그림을 그리면 저 높은 곳에 있는 관중석의 모습까지 배경에 함께 담아낼 수도 있어 이야기를 더욱 극적으로 표현할 수 있습니다. 이런 상황과 그를 그리는 도구는 오일 파스텔이었는데 여기에 브랜드까지 적어 봤습니다. 최상급 오일 파스텔 시넬리에^{Sennelier}입니다. 직접 화방에서 사용해 보니 크리미한 질감이 무척이나 마음에 들었고, 특히 색감이 무척이나 풍부해서 메모해 뒀던 브랜드였습니다. 다양한 파스텔 색상 가운데 바랜 색상을 골라 꾸덕꾸덕한 크림처럼 그려 내며 마무리합니다.

이처럼 블록을 나눈 것은 앞으로 다양한 예시에서 보여 드릴 프롬프트들을 더욱 쉽게 해석할 수 있도록 한 것입니다. 또한 AI와 이야기를 주고받는 캐치볼 작업 방식을 이해할 수 있도록 프롬프트를 최적화한 것이죠. 블록은 여기서 추가되거나 오히려 줄어들 수도 있습니다. 여러분도 직접 작업하면서 프롬프트 블록을 활용하다 보면 자신에게 맞는 맞춤형 블록을 만들어 낼 수 있을 것입니다.

프롬프트 블록 활용하기

여러분이 생각하고 있는 이야기를 프롬프트 블록에 직접 넣어 보세요. 블록 내용을 조립하면 하나의 프롬프트가 됩니다. 블록을 먼저 완성한 후 미드저니에게 프롬프트로 전달해 보세요.

프롬프트 블록 1

1. 전체 그림/그래픽 요소	2. 이야기(묘사)	
3. 효과	4. 도구	5. 파라미터

프롬프트 블록 2

1. 전체 그림/그래픽 요소	2. 이야기(묘사)	
3. 효과	4. 도구	5. 파라미터

미드저니에 쉽게 접근하는 3가지 방법

이번에는 미드저니를 사용하면서 도움이 될 팁 몇 가지를 소개합니다. 미드저니에서 프롬프트를 적으며 이미지를 바로 생성해도 좋지만, 여기에서 소개하는 미드저니를 다양하게 활용하는 방법을 안다면 앞으로 창작하는 작품을 잘 관리할 수 있을뿐더러 더욱 재미있고 즐겁게 작업할 수 있을 것입니다.

1. 미드저니 쇼케이스 탐색하기

미드저니 사이트에 접속한 후 하단에 있는 [Showcase]를 클릭하면 미드저니의 쇼케이스 페이지에 들어갈 수 있습니다. 쇼케이스에서는 여태까지 자신이 만들었던 작품은 물론 다른 사용자들의 작품까지 모두 볼 수 있습니다. 쇼케이스는 [Explore], [My Images], [Rate Images]로 구성됩니다.

미드저니 웹 사이트(midjourney.com)

[Explore] 탭에서는 전 세계의 미드저니 사용자들이 생성한 이미지를 감상할 수 있습니다.

▶ 개인 작품이나 [Explore] 탭에서 발견한 작품 가운데 마음에 드는 작품을 [Like] 버튼을 눌러 저장해 보세요. [Likes] 탭에 들어가면 한눈에 확인할 수 있습니다.

[My Images] 탭에서는 여러분이 작업한 작품을 모두 볼 수 있습니다. 화면 맨 위를 보면 [+Imagine]이라는 프롬프트를 입력하는 창이 있습니다. 미드저니 웹 버전이 바로 이곳에 론칭되었습니다.

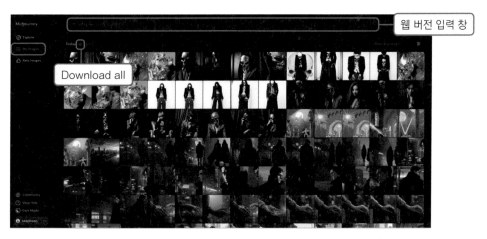

웹 버전 입력 창

Download all

▶ 여태까지 만든 작업물을 연도/월/일별로 확인할 수 있고, 날짜 옆에 있는 [Download all]을 클릭하면 원하는 날짜의 작업물을 한 번에 내려받을 수 있습니다.

쇼케이스의 모든 이미지는 클릭하면 해당 이미지를 생성할 때 사용한 프롬프트를 확인할 수 있고, 복사도 할 수 있습니다. 이미지를 하나 클릭해 보세요. 이미지 오른쪽에는 이미지를 만들 때 사용한 프롬프트 내용이 표시됩니다.

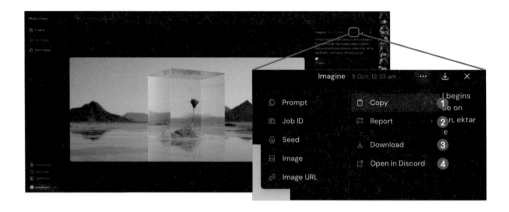

❶ Copy

- **Prompt**: 프롬프트만 복사합니다. 저는 보통 이전에 만들었던 이미지 가운데 다시 한번 만들거나, 해당 프롬프트를 변형하여 사용하고 싶을 때 활용합니다.
- **Job ID**: 생성된 이미지의 고유 주소를 복사합니다. 미드저니에서는 이미지를 생성하면 이미지뿐만 아니라 해당 작업에 고유 주소를 생성합니다. 프롬프트 입력 창에 명령어 /show와 복사한 Job ID를 입력하면 해당 이미지와 프롬프트를 불러올 수 있습니다.

- **Seed**: 해당 이미지의 시드 번호를 복사합니다. 미드저니는 이미지를 생성할 때 각 이미지마다 시드 번호를 무작위로 생성하는데, --seed 파라미터를 활용하여 동일한 시드 번호와 프롬프트를 사용하면 유사한 최종 이미지를 얻을 수 있습니다.
- **Image**: 생성된 이미지를 복사합니다.
- **Image URL**: 생성된 이미지의 주소를 복사합니다.

❷ Report

- **Report**: 생성된 이미지에 오류가 있거나 훼손되어 복구가 필요한 상황 등 제보가 필요한 경우 사용합니다.

- **Don't show me this**: 해당 이미지를 보지 않게 해달라고 제보합니다.

❸ Download: 생성된 이미지를 저장합니다.

❹ Open in Discord: 해당 이미지를 작업했던 디스코드의 프롬프트로 이동합니다.

마지막으로 [Rate Images] 탭에서는 이미지를 투표할 수 있습니다. AI 이미지 이상형 월드컵이라고 불러야 할까요? 2장의 이미지와 각 이미지를 생성한 프롬프트가 함께 나옵니다. 둘 중에 마음에 드는 이미지를 클릭해 보세요. 2장의 이미지는 무작위로 나타나고, 여기서 많은 점수를 얻은 2,000명의 사용자를 매일 뽑아 보너스로 GPU 시간을 제공합니다.

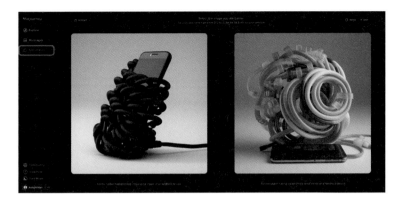

2. 내가 작업한 이미지 검색하기

수많은 사용자 가운데 내가 만든 이미지를 콕 집어 찾고 싶을 때가 있습니다. 미드저니 오른쪽 상단의 검색 창에 자신의 디스코드 ID를 입력해 보세요. 이때 [보낸 이: ID]가 아닌 [멘션: ID]를 클릭하세요. 여러분이 만든 이미지와 프롬프트만 따로 검색되어 화면에 나타납니다.

디스코드 ID를 입력하면
리스트가 나타납니다.

3. 모바일로 접속하기

안드로이드와 아이폰 사용자 모두 디스코드 앱을 내려받을 수 있습니다. 모바일 접속은 PC 접속과 동일하게 로그인만 하면 그대로 사용할 수 있습니다.

모바일 환경과 PC 환경은 동일하지만, 모바일로 이용하면 휴대하며 작업할 수 있어서 프롬프트 작업을 언제 어디서나 간편하고 빠르게 작업할 수 있습니다.

디스코드 앱을
내려받으세요!

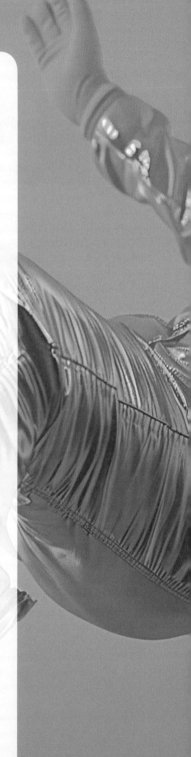

둘째마당

전문가도 놀라는
카테고리별 프롬프트 123

미드저니는 유화를 그리는 붓이자 모델을 찍는 카메라이고, 블록버스터 영화의 한 장면을 제작하는 촬영 감독이자 특수 효과를 담당하는 전문가입니다. 만들고 싶은 이야기를 원하는 그래픽으로 탈바꿈해서 현실로 불러오죠. 우리의 믿음직한 변신 도구, 미드저니를 잘 다루려면 미드저니와 대화할 언어를 알아야 하는데요. 바로 '프롬프트'입니다.

한 장의 이미지를 만들어도 프롬프트에는 전체 콘셉트와 색감, 구도, 인물 배치, 질감, 감정 등 정말 많은 정보를 입력해야 합니다. 또, 생각한 이야기를 잘 묘사해서 미드저니에게 전달해야 합니다. "총천연색의 이야기를 어떻게 전달할까?" 그것이 이번 마당의 핵심입니다.

03

인물, 동물, 상상 속 캐릭터 만들기

인물, 동물, 로봇 등 캐릭터를 만드는 방법은 정말 다양합니다. 수많은 기준이 있지만 여기서는 캐릭터가 바라보는 방향, 묘사 기법, 외형, 색감 등을 중심으로 잡지나 TV광고, 영화 등 다양한 매체에 등장하는 다양한 캐릭터를 만들어 보겠습니다.

03-1

캐릭터를 만들 때 고려할 6가지 키워드

본격적으로 미드저니로 캐릭터를 만들기 이전에 캐릭터와 인물을 표현할 때 가장 중요하게 고려할 6가지를 먼저 알아보겠습니다.

방향	그래픽 표현 기법	외형 요소
정면 옆면 후면	색연필 페인팅 편집 사진	액세서리 감정 복장

색	배경	특별함
흑백 빈티지	애니메이션 일러스트레이션	다양한 재료 혼합

❶ 방향

방향은 캐릭터의 외모, 성격, 복장, 배경, 그리고 전체 스토리를 담는 기본 요소입니다. 캐릭터의 얼굴을 증명사진처럼 정면으로 보이게 할 수도 있지만 왼쪽 또는 오른쪽 등 옆면을 강조할 수도 있고, 뒷모습만 보이게 해서 배경에 초점을 맞출 수도 있습니다.

❷ 그래픽 표현 방법 — 제작 도구, 촬영 방법

미드저니는 사진이나 영화를 촬영하는 카메라, 캔버스에 색을 입히는 붓, 대리석을 깎아 아름다운 조각품을 만드는 조각칼 등 어떤 도구로도 변신할 수 있습니다. 캐릭터의 디테일을 살리려면 어떤 그래픽으로 만들고 어떻게 표현할지 고민하고 그 표현 도구를 활용하는 기법을 익혀야 합니다.

❸ 외형 요소 — 외모, 성별, 감정, 복장

방향과 그래픽 방법을 정한 다음에는 캐릭터나 인물에 설정을 부여합니다. 생김새는 어떤지, 성별은 무엇인지, 어떤 감정을 갖고 있는지 등 캐릭터에 대략적인 이야기를 설정합니다.

또한 시대, 유행, 캐릭터의 성격에 따라서 복장을 다양하게 표현할 수 있습니다. 이때 흔히 볼 수 있는 재료가 아니라 '이런 것으로도 옷을 만들 수 있을까?' 싶은 정도의 특이한 재료를 사용하면 재미를 더할 수 있습니다.

❹ 색

색을 조합하여 캐릭터의 감정이나 상황, 시간, 분위기 등을 표현할 수 있습니다. 평소에 색에 관심이 많다면 미드저니로 다양하게 적용해 보세요.

❺ 배경

어떤 사진에는 스토리가 담긴 배경에 캐릭터가 있지만, 또 다른 사진은 패션 브랜드의 룩북^{lookbook}처럼 스튜디오에서 촬영한 듯 별도의 배경 그래픽 없이 피사체 중심으로 구성하기도 합니다. 미드저니로 제작하는 작품이라면 배경에 따라 캐릭터를 다채롭게 표현할 수 있습니다.

❻ 특별함

생각지도 못한 것을 섞으면 특별함을 창조할 수 있습니다. 이질적인 특징의 간극을 줄이려고 이야기를 덧붙이기도 하는데요. 요소 하나하나에 의미를 부여하면 어디서도 본 적 없는 새로운 캐릭터가 탄생합니다. 마블 영화 〈가디언즈 오브 갤럭시〉를 보면 나무의 모습인 그루트가 인간처럼 두 발로 걸어 다니는데, 그것도 역시 기존에는 없던 새로움, 특별함을 보여 주는 사례입니다.

이 책에서 캐릭터를 만드는 프롬프트를 응용할 때는 제일 먼저 예제 이미지를 전체적으로 꼼꼼하게 살펴보고 프롬프트 속 키워드와 문장을 바라보세요. 예제 이미지 속 캐릭터 대신 나만의 캐릭터를 상상하면 되는데, 이때 캐릭터가 어떤 옷과 액세서리를 착용하고 있는지 떠올리고 그 모습을 어떻게 묘사할지 고민해야 합니다. 그리고 상상한 내용을 예제 프롬프트에 대입해서 이미지를 창작합니다.

자, 이제 다양한 예제와 함께 미드저니로 캐릭터와 인물 이미지를 만들어 보겠습니다. 이미지와 함께 제공되는 프롬프트를 살펴보고 나열된 키워드와 문장을 자신만의 이야기로 대체하는 연습을 해보세요.

이후로는 [예제 프롬프트]에 /imagine 명령어 없이 묘사 내용만 소개합니다.
/imagine을 잊지 말고 먼저 입력한 다음 이어서 프롬프트를 써내려가 보세요.

03-2

캐릭터가 바라보는 방향

하면 된다! ▸ 바라보는 방향 지정하기

이번 프롬프트에서 중점적으로 다룰 내용은 '캐릭터가 바라보는 방향'입니다. 캐릭터의 정면, 옆면, 후면이 보이는 예제를 살펴보며 프롬프트를 어떻게 작성해야 하는지 알아보겠습니다.

예제 01 정면

캐릭터가 정면을 바라보게 하려면 front facing picture 또는 front view 키워드를 사용합니다. 어떤 형태의 캐릭터인지도 함께 써주면 더 좋겠죠. 그래서 프롬프트에도 영화에 등장할 법한 캐릭터를 만들어 달라는 키워드로 portrait of cinematic character라고 구체적으로 입력했습니다.

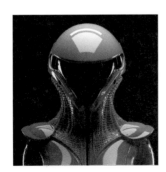

예제 프롬프트	portrait of cinematic Character, front facing picture of a Humanoid reptilian alien in futuristic pink helmets with opaque faceshield, hasselblad, 50mm lens, hyperdetailed, clear shape, background color is black
응용 프롬프트	portrait of cinematic Character, front facing picture of [캐릭터의 외형/복장], hasselblad, 50mm lens, hyperdetailed, clear shape, background color is black

예제 02 옆면

우리 얼굴을 봐도 왼쪽에서 봤을 때와 오른쪽에서 봤을 때의 이미지가 살짝 다르죠? 캐릭터를 만들 때에도 오른쪽 또는 왼쪽으로 방향을 지정할 수 있습니다. 마찬가지로 어떤 캐릭터를 만들지 콘셉트를 먼저 입력하고 그 캐릭터가 바라볼 방향을 설정합니다.

예제 프롬프트	portrait of high-end 3D game Character, right side view picture of fantasy knight in Knight's helmet made of diamonds with an unrealistic design, unreal engine 5, hyperdetailed, clear shape, black background
응용 프롬프트	portrait of high-end 3D game Character, right side view picture of [캐릭터의 외형/복장], unreal engine 5, hyperdetailed, clear shape, black background

예제 03 후면

뒷모습은 간단하게 back view라는 키워드를 추가하면 됩니다. 여기서 한 가지 더! 캐릭터가 어떤 모습을 하고 있는지 자세히 써주면 더욱 좋습니다. 머리 형태는 어떠한지,

어떤 옷을 입고 있고 그 옷은 어떤 재료로 만들어졌는지를 적어 주세요. 특히 재료를 다양하게 조합할수록 의외의 결과물을 만들어 낼 수 있으니 자유롭게 표현해 보세요.

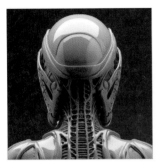  

예제 프롬프트	portrait of luxury fashion brand model, back view picture of Beautiful blonde woman in an outfit made of plastic and colorful slime, hyperdetailed, clear shape, black background
응용 프롬프트	portrait of luxury fashion brand model, back view picture of [캐릭터의 외형/복장], hyperdetailed, clear shape, black background

김캣작가님의 팁!

여러분만의 PFP를 만들어 보세요!

PFP^{profile picture}라고 들어 본 적 있나요? PFP는 트위터, 인스타그램 등 SNS에서 프로필 사진으로 활용하는 이미지입니다. NFT에 기반하여 이미지를 만들어 자신을 대표하는 프로필로 설정하는 방법인데요. 해당 NFT 프로젝트의 홀더들 간에 유대감을 형성하기도 하고, 자신만의 정체성을 표현한 NFT를 투자하기도 하죠. 미드저니, 스테이블 디퓨전, 달리 등 생성 AI가 등장하면서 자신만의 프로필 사진을 만들고 싶어 하는 사람들이 많아졌고, 직접 NFT 프로젝트를 진행하거나 세상에 오직 하나밖에 없는 나만의 프로필을 만드는 사람도 생겨나면서 PFP NFT 시장이 점점 더 확산되고 있어요.

저자가 보유하고 있는 NFT(왼쪽부터 Shy Syndicate, DADAZ, The Voiceverse)

03-3

디테일을 살리는 그래픽 표현 기법

캐릭터를 표현할 대상으로 '아기 곰'을 예시로 가져왔습니다. 다음의 세 아기 곰 캐릭터는 기본 프롬프트는 같지만, 그래픽을 표현하는 키워드를 각각 달리 넣어 변화를 줬습니다. 첫 번째 아기 곰은 색연필로 그렸고, 두 번째 아기 곰은 꾸덕꾸덕한 질감이 나는 유화 물감을 사용했습니다. 마지막으로 세 번째는 디지털 카메라로 촬영한 듯한 아기 곰 사진입니다. 기본 프롬프트와 변주를 더한 프롬프트 키워드를 살펴보면서 각각 어떻게 만들었는지 알아보겠습니다.

노란색 코트와 챙이 넓은 모자를 착용한 아기 곰을 표현하는 공통 프롬프트는 다음과 같습니다.

예제 프롬프트	adorable character, A cute little bear wearing yellow coat and a wide-brimmed adventure hat, in the style of fairytale artwork, nostalgic romanticism, muted pastel colors, Fluffy textures

▶ 번역하면 '사랑스러운 캐릭터, 노란 코트와 챙이 넓은 모험가 모자를 쓴 귀여운 작은 곰, 동화책 삽화 스타일, 낭만주의 콘셉트, 부드러운 파스텔 컬러, 폭신한 질감' 이라는 뜻입니다.

하면 된다! } 다양한 도구로 표현하기

프롬프트에 각각 색연필, 오일 페인팅, 사진이라는 세 종류의 표현 도구 키워드를 각각 추가해 보겠습니다.

예제 01 색연필

아기 곰을 색연필로 그리기 위해 맨 앞에 Color pencils painting of를 붙였습니다. 아기 곰의 그래픽 요소이자 미드저니에게 도구의 역할을 부여하는 것이죠. 이처럼 그래픽 도구와 아기 곰이 입고 있는 옷의 색 등을 설정해 주면 됩니다.

예제 프롬프트	Color pencils painting of adorable character, A cute little bear wearing yellow coat and a wide-brimmed adventure hat, in the style of fairytale artwork, nostalgic romanticism, muted pastel colors, Fluffy textures
응용 프롬프트	Color pencils painting of [외형/복장], in the style of fairytale artwork, nostalgic romanticism, muted pastel colors, Fluffy textures

오일 페인팅, 오일 파스텔이라는 재료로 그릴 때는 특유의 질감 표현을 살리는 것이 좋습니다. 앞서 사용한 폭신한 질감(Fluffy textures) 대신 '꾸덕꾸덕한 질감(Gooey textures)' 키워드를 붙였습니다. 재료마다 성질이 다르므로 그 성질을 잘 표현해 줄 수 있는 키워드를 찾는 것이 중요합니다.

예제 프롬프트	oil painting of adorable character, A cute little bear wearing yellow coat and a wide-brimmed adventure hat, in the style of fairytale artwork, nostalgic romanticism, muted pastel colors, gooey textures
응용 프롬프트	oil painting of [외형/복장], in the style of fairytale artwork, nostalgic romanticism, [전체 색감], gooey textures

예제 03 카메라 편집 사진

사진과 관련된 표현 기법은 앞으로도 다양한 예제와 함께 소개할 거예요. 미드저니에서는 실제 카메라 브랜드와 렌즈 사양, 조명, 촬영 기법 등 다양한 키워드를 넣어 사진을 찍을 수 있습니다.

이 프롬프트는 editorial photography

라는 키워드로 시작합니다. 마치 잡지에 실리거나 전문 사진가가 촬영한 편집 사진처럼 제작하는 키워드입니다.

사진을 찍겠다고 명시했으니 미드저니를 카메라로 변신시켜야겠죠? 여기서는 소니 A7 카메라 바디와 FE 24-70mm F2.8 GM 렌즈를 사용하겠습니다. 가상의 캐릭터에 카메라의 성능을 온전히 가져오는 것은 어렵지만, 그래도 이전과 다르게 실사 같은 그래픽으로 표현됐습니다.

예제 프롬프트	editorial photography of adorable character, A cute little bear wearing yellow coat and a wide-brimmed adventure hat, in the style of fairytale artwork, nostalgic romanticism, muted_pastel colors, Fluffy textures, Sony A7, sony FE 24-70mm F2.8 GM II
응용 프롬프트	editorial photography of [외형/복장] in the style of fairytale artwork, nostalgic romanticism, [전체 색감], Fluffy textures, [카메라/렌즈]

하면 된다! ⟩ 전문 카메라로 촬영한 것처럼 표현하기

이번에는 카메라 키워드에 조명 키워드나 대비감을 적용하는 키워드를 조합해서 카메라의 효과를 더욱 부각하는 이미지를 만들어 보겠습니다. 지금부터는 예제를 하나씩 살펴볼 거예요. 대괄호 [ ]로 묶여 있는 부분을 자유롭게 바꿔 가며 실습해 보세요.

예제 01 카메라 + 스튜디오 조명

스튜디오 조명 아래에 있는 인형을 카메라로 촬영한 이미지를 만들었습니다. 피사체에 집중할 수 있는 스튜디오 조명 키워드는 studio lighting이고, 카메라는 라이카의 q2를 사용했습니다.

예제 프롬프트	Full body Portrait photography of doll, 1960s doll wearing vintage Western Sheriff uniform, western concept, front view, studio lighting, Leica q2

응용 프롬프트	Full body Portrait photography of doll, [성별/외형] [복장], [콘셉트] concept, [피사체가 바라보는 방향], studio lighting, [카메라]

▶ 인형이 아닌 사람 키워드를 넣어도 좋아요.

예제 02 카메라 + 대비감

배경색과 대비감을 주라는 표현으로 prominently against a ~ background 키워드를 넣어 보세요. 검은색과 흰색의 대비 덕분에 인물에 포커스가 맞춰집니다.

▶ 렌즈 직경이 50mm인 DSLR 카메라를 사용했어요!

예제 프롬프트	Alien from outer space in his iconic black suit, hat, and glossy gold skin, standing prominently against a clean white background, creating a classic and minimalist representation of the iconic figure, Photography, DSLR with a 50mm lens for a clear and focused shot, --ar 16:9
응용 프롬프트	[외형/복장], standing prominently against a clean white background, creating a classic and minimalist representation of the iconic figure, Photography, DSLR with a 50mm lens for a clear and focused shot, --ar 16:9

03-4

캐릭터의 외형 요소

하면 된다! ╂ 캐릭터의 외형 표현하기

이번 예제는 캐릭터의 외적인 부분을 묘사하는 프롬프트입니다. 표정과 행동으로 기분을 표현하거나 특정 액세서리를 착용하고 있음을 강조하는 이미지를 만들어 보겠습니다.

예제 01 감정과 행동

캐릭터에 강렬한 인상을 부여하는 가장 좋은 방법은 감정 표현입니다. 슬픔, 분노, 기쁨 등 다양한 감정 키워드를 캐릭터의 외모를 표현하는 프롬프트에 함께 사용해 주세요. 프롬프트를 작성하기 전에 캐릭터의 이미지를 상상해 보기도 하고, 여러분의 얼굴을 직접 거울에 비추어 보면서 화나거나 슬플 때의 표정을 유심히 관찰해 보세요.

다음 이미지를 만들 때는 A king with an angry expression and shouting이라는 키워드를 넣어 화난 감정과 함께 소리를 지르는 행동을 포함하는 프롬프트를 작성했습니다. 이처럼 캐릭터 외모를 효과적으로 살리려면 감정과 그에 어울리는 행동까지 함께 묘사하는 것이 좋습니다.

예제 프롬프트	cinematic, medieval theme, front view, A king with an angry expression and shouting, the knight is wearing a helmet with fine ornamentation and a white fur trim, plate armor with fine ornamentation and a white cloak draped over his shoulders, in the style of middle age, hyperdetailed --ar 16:9
응용 프롬프트	cinematic, [전체 테마], front view, [감정/행동], [외형/복장], in the style of [스타일], hyperdetailed --ar 16:9

예제 02 착용한 액세서리

모델이 어떤 스타일의 액세서리를 착용했는지 입력해 보세요. 액세서리의 색상과 디자인은 물론 어디에 착용하는 것인지까지 구체적으로 작성하는 것이 좋습니다.

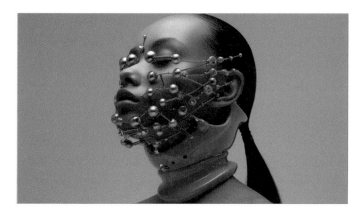

예제 프롬프트	model wears very complex design silver jewelry while in a turtleneck, in the style of masks and totems, snapshot aesthetic, hyper-realistic portraits, teethcore, reflective --ar 16:9

응용 프롬프트	model wears [착용품], in the style of [착용품 콘셉트], snapshot aesthetic, hyper-realistic portraits, reflective --ar 16:9

하면 된다! 〉 캐릭터 설정 활용하기

캐릭터 고유의 설정이나 처한 환경을 드러내는 키워드를 외형 묘사 키워드와 함께 입력하면 캐릭터의 성격을 훨씬 더 잘 살릴 수 있습니다.

예제 01 동화 속 캐릭터

산타클로스라는 키워드 하나만으로도 우리가 모두 아는 산타클로스의 이미지를 만들 수 있습니다. 다만 단순히 산타클로스만 입력하면 몸집이 크고 루돌프 썰매를 끄는 산타클로스의 모습이 나올 수도 있어요. 동화 속에 등장하는 느낌을 주려면 둥글둥글하고 사랑스러운 느낌의 외형 표현 키워드를 넣어 주세요.

예제 프롬프트	A charming and adorable children's book character of Santa Claus, with a round, friendly face, rosy cheeks, a big smile, and twinkling eyes, dressed in his traditional red suit with fluffy white_trim, designed to delight young readers with its warmth and approachability, Illustration, digital art with soft, pastel colors and a whimsical style, --ar 16:9
응용 프롬프트	A charming and adorable children's book character of [캐릭터 설정], [외형/복장], designed to delight young readers with its warmth and approachability, Illustration, digital art with soft, pastel colors and a whimsical style, --ar 16:9

예제 02 초현실적인 캐릭터

전형적인 인물을 표현할 수도 있지만 초현실적인 작품도 만들 수 있습니다. 예제 이미지는 네온 컬러의 야광 페인트를 활용했으며, 생동감 넘치는 표현을 위해 melting, dreamlike 키워드를 추가했습니다. 초현실적인 외형을 표현할 때는 이질적인 키워드를 서로 조합해 보는 시도가 중요합니다. 아이디어가 없다면 색이나 재료를 섞는 것부터 해보세요!

예제 프롬프트	surrealistic illustration a woman's face in neon glow paint, in the style of detailed character illustrations, melting, dark palette, 8k 3d, dreamlike figures, studio lighting --ar 16:9
응용 프롬프트	surrealistic illustration [외형/복장], in the style of detailed character illustrations, [이질적인 재료와 색상 조합], dark palette, 8k 3d, studio lighting --ar 16:9

미드저니는 머릿속에만 있고 실재하지는 않는 캐릭터도 이미지로 구현할 수 있습니다. 위 예제처럼 피부, 복장, 분위기 등에 현실에서 보기 어려운 재료와 색감 등을 섞어 넣으면 새로운 캐릭터를 창작할 수 있습니다. 캐릭터를 생성하는 방법은 거의 무한대에 가깝습니다. 우리 주변에서 볼 수 있는 많은 사람들과 경험한 모든 일들 그리고 직접 만져 보고 느껴 본 다양한 재료를 이리저리 섞을 때마다 상상으로만 간직했던 나만의 캐릭터, 나만의 이야기 속 주인공을 생성할 수 있습니다.

03-5

색으로 연출하는 분위기

하면 된다! ┠ 전체적으로 색감 입히기

찍은 사진을 보정할 때 전체 분위기를 조성하는 데는 색감만한 것이 없습니다. 색감과 더불어 이미지 속 상황을 구체적으로 표현하는 키워드를 추가하면 장면의 상황과 분위기를 더 효과적으로 표현할 수 있습니다.

예제 01 은밀한 분위기의 흑백 톤

장르와 색상 키워드는 분위기를 조성하는 데 도움이 됩니다. 예제에서는 판타지 장르와 흑백 톤을 표현하기 위해 각각 fantasy animation과 black and white colors grading 키워드를 설정했습니다.

예제 프롬프트	fantasy animation, Cel shading, bold strokes, A female elven archer hiding in a deep forest, her face covered by the hood of cloak, emotional reflector, soft shading, black and white colors grading, masterpiece --ar 16:9
응용 프롬프트	[장르] animation, Cel shading, bold strokes, [캐릭터의 외형/복장], emotional reflector, soft shading, [전체 색감], masterpiece --ar 16:9

예제 02 색이 바랜 듯한 빈티지 색감

맨 앞에 1960s family portrait of라고 명시한 것은 이미지 콘셉트가 1960년대의 가족사진이라는 것을 AI에게 전달하기 위함입니다. 또한 전체 색감이 아이보리, 세피아 등의 누리끼리한 색상으로 표현되는 빈티지 감성이 묻어나는 사진을 만들 때에는 꼭 vintage sepia color grading이라는 색감 프롬프트를 지정해 주세요. 빈티지 톤의 색상을 쉽게 표현할 수 있습니다.

예제 프롬프트	1960s family portrait of a family of aliens. vintage style photo, vintage sepia color grading, old photo textures --ar 3:2
응용 프롬프트	1960s family portrait of [캐릭터의 모습]. vintage style photo, vintage sepia color grading, old photo textures --ar 3:2

03-6

캐릭터가 등장하는 배경

하면 된다!〉 특정 매체 속 캐릭터 표현하기

미드저니를 활용하면 여러분의 이야기에 등장하는 캐릭터를 얼마든지 만들 수 있습니다. 영화, 게임, 애니메이션 등 특정 매체 속에 있는 캐릭터를 몇 가지 살펴보겠습니다.

예제 01 애니메이션 작화 스타일

같은 내용의 애니메이션 이미지를 만들어도 생각한 스토리마다 어울리는 작화 연대가 따로 있습니다. 미드저니에서 작업하고 싶은 애니메이션 작화의 연도와 국가명, 애니메이션 작법 등을 프롬프트에 활용하면 더욱 수준 높은 이미지를 생성할수 있습니다.

▶ 캐릭터의 감정 상태와 착용한 아이템도 함께 입력하세요.

예제 프롬프트	1980s American animation, Cel shading, bold outline, Glasses-wearing man with a happy expression, wearing a business suit, clear blue sky, emotional reflector, soft shading, natural lighting, muted colors grading, masterpiece --ar 16:9
응용 프롬프트	[연도] [국가] animation, Cel shading, bold outline, [외형/복장], [배경], emotional reflector, soft shading, natural lighting, [전체 색감], masterpiece --ar 16:9

예제 02   일본 만화책 감성

일본 만화책에 나올 법한 이미지를 만들어 보겠습니다. 만화책 감성을 표현하기 위해 '페인트 마커'를 도구로 사용해서 paint marker and manga nib pen painting of 를 입력했습니다. 미드저니에게 지금부터 생성하는 이미지를 어떤 도구로 그릴지 명시한 것이죠.

▶ 만화 감성을 더욱 잘 표현하기 위해 --niji 파라미터까지 사용했습니다. --niji 파라미터는 02-4절을 참고하세요!

예제 프롬프트	paint marker and manga nib pen painting of Cro-Magnon, staring expressionlessly in the cave, pale white and black, precisionist lines, in the style of japanese manga, manga style, Harsh, intense strokes, manga nib pen style, dark tones --ar 16:9 --niji 5
응용 프롬프트	paint marker and manga nib pen painting of [외형/복장], [전체 색감], precisionist lines, in the style of japanese manga, manga style, Harsh, intense strokes, manga nib pen style, dark tones --ar 16:9 --niji 5

화방에 가면 수많은 종류의 색연필을 볼 수 있습니다. 브랜드별로 색감도 달라서 같은 색이라도 직접 사용해 보면 느낌이 천차만별입니다. 또한 연필심 굵기에 따라 다양하게 변주할 수 있습니다.

이번 예제는 색연필을 사용해서 그린 일러스트레이션입니다. 색연필 관련 프롬프트는 bold strokes 키워드처럼 선의 두께를 함께 입력하면 이미지를 더욱 풍부하게 표현할 수 있습니다.

예제 프롬프트	Color pencils painting, beautiful model with 1 lion, 30yo, luxury fashion outfit, tall woman, beauty. Background fashion photography studio, deep orange and ivory, calm, bold strokes, Muted Colours, in the style of safari, nostalgic romanticism, soft shading --ar 16:9 --niji 5
응용 프롬프트	Color pencils painting, [외형/복장], [배경], [전체 색감], [선 굵기] strokes, in the style of [콘셉트], nostalgic romanticism, soft shading --ar 16:9 --niji 5

예제 04   영화 장면

영화는 영화를 만드는 나라마다 추구하는 스타일이 다릅니다. 다음 영화 장면 이미지는 1960년대 중국 영화 콘셉트를 겨냥한 프롬프트로 만들었습니다.

예제 프롬프트	an acrylic painting of woman fighter kneeling, in the style of 60s Chinese movie, rough clusters, concept art, uhd image, expressive character designs, iconic Chinese, oil on panel --ar 16:9
응용 프롬프트	an acrylic painting of [외형/포즈], in the style of [배경 콘셉트], rough clusters, concept art, uhd image, expressive character designs, [콘셉트에 따른 국가명/분위기], oil on panel --ar 16:9

예제 05 잡지 사진

영화와 마찬가지로 잡지도 발간한 국가의 스타일이 크게 반영되는 매체입니다. 어떤 카메라로 해당 사진을 촬영했는지도 꽤나 중요하죠. 모델 사진이 담긴 잡지가 어느 나라의 것인지, 어떤 카메라로 촬영한 것인지 등의 키워드를 넣어 보세요.

예제 프롬프트	editorial fashion photography of Japanese fashion magazine, Japanese 20s female model wearing the oversized white t-shirt, elbow length sleeves, a relaxed fit, in the style of Shibuya, for a casual and contemporary look, Sony a7, FE 16-35mm F2.8 GM II --ar 16:9
응용 프롬프트	editorial fashion photography of [국가명] fashion magazine, [캐릭터 설정] wearing [복장], [잡지 콘셉트], [카메라/렌즈] --ar 16:9

예제 06 게임 콘셉트 아트

게임 콘셉트 아트^{concept art}를 그릴 때에는 게임에 등장하는 캐릭터와 전체적인 콘셉트를 반영해서 프롬프트를 작성해야 합니다. 여기서는 1980년대의 레트로 감성이 묻어나는 게임 콘셉트 아트를 만들어 보겠습니다.

▶ 콘셉트 아트란 게임 속 세계관이나 환경, 인물 등에 영향을 받아 이미지로 콘셉트를 잡는 프로세스입니다.

예제 프롬프트	1980s game concept artwork, soldier and monsters, retro video game illustration, in the style of retrowave --ar 16:9
응용 프롬프트	1980s game concept artwork, [캐릭터 설정], retro video game illustration, in the style of retrowave --ar 16:9

예제 07 3D 만화 캐릭터

캐릭터를 3D로 표현하면 좀 더 생동감 있게 연출할 수 있습니다. 3D 캐릭터라는 설정을 시작 부분에 입력하고 캐릭터의 성별은 무엇인지, 어떻게 생겼는지, 어떤 행동을 하고 있는지 구체적으로 작성해 보세요.

예제 프롬프트	3D woman character cartoon, with a laptop on her knees. She is happily working on her laptop, No background. Minimalist --ar 16:9
응용 프롬프트	3D [성별] character cartoon, [외형/포즈], No background. Minimalist --ar 16:9

예제 08 3D 렌더링

이번에는 3D 렌더링 프로그램을 활용
해 다람쥐 캐릭터를 만들어 볼 거예요.
프롬프트에 입력한 블렌더(blender)는
애니메이션에 어울리는 아기자기하고
생동감 넘치는 느낌을 표현하는 데 효과
적인 렌더링 프로그램입니다.

예제 프롬프트	portrait of baby fluffy squirrel character in the bush, glossy and moisture, happy face, cartoon render, blender 3D style, 3D, render engine
응용 프롬프트	portrait of [외형], [전체 질감], [감정], cartoon render, blender 3D style, 3D, render engine

나만의 캐릭터 만들기

3장에서는 캐릭터를 만드는 프롬프트 키워드를 살펴봤습니다. 이 키워드를 프롬프트 블록에 넣어 정리한 다음, 미드저니에게 이미지를 만들어 달라고 요청해 보세요.

프롬프트 블록 1 — 나만의 프로필 만들기

1. 전체 그림/그래픽 요소	2. 이야기(묘사)	
3. 효과	4. 도구	5. 파라미터

프롬프트 블록 2 — 좋아하는 만화 캐릭터 만들기

1. 전체 그림/그래픽 요소	2. 이야기(묘사)	
3. 효과	4. 도구	5. 파라미터

04 영화, 게임, 애니메이션 배경 만들기

영화, 애니메이션, 게임, 웹툰, 그리고 다양한 사진 작품의 배경 이미지를 제작할 때는 기획에 어울리는 그래픽으로 표현하면서도 생동감을 부여하는 디테일한 환경과 이야기를 담아야 합니다. 애니메이션 배경 아트나 게임 콘셉트 아트가 될 수도 있고, 동화책의 한 장면이 될 수도 있습니다.

04-1

배경을 표현할 때 고려할 4가지 키워드

이제부터 미드저니로 다양한 배경 이미지를 제작할 텐데, 먼저 알아 두면 좋을 4가지를 소개하겠습니다.

스토리 설정	그래픽 표현 기법	구성 요소	해상도
장르 세계관	픽셀 아트	인테리어 요소	1:1
환경	동화		16:9
시간대	애니메이션	군중 표현	21:9

❶ 스토리 설정

미드저니와 협업하여 창작물을 만들 때에는 나만의 이야기 틀을 바로 세우고 그것을 직접 글(프롬프트)로 잘 묘사하여 전달하는 과정이 정말 중요합니다. 이미지의 배경은 여러분의 이야기 세계를 담는 아트워크입니다. 배경에 어떤 세계를 담을지, 어떤 이야기를 품은 환경인지 먼저 생각해 보세요.

❷ 그래픽 표현 기법

여러분이 생각하는 세계는 어떤 그래픽과 가장 잘 어울릴까요? 실사처럼 선명한 배경, 아름다운 애니메이션 작화 느낌의 몽글몽글한 배경, 유화로 그려 낸 명작과도 같은 배경 등 다양한 형상을 상상하면서 이야기에 어울리는 그래픽을 선택해 보세요.

❸ 배경을 채우는 구성 요소

이야기와 그래픽을 모두 결정했다면 그 세계를 무엇으로 채울 것인지 생각해 보세요. 배경 이미지를 한 장 생성한다고 했을 때 그 공간을 야무지게 사용하려면 어떤 환경 요소를 넣어야 할지 세세하게 정해야 합니다. 다양한 재료의 조합 역시 중요한 포인트입니다.

❹ 해상도

최근 모바일 콘텐츠가 많아지는 추세이므로 가로세로의 해상도를 넘나들면서 다양하게 제작해 보는 것이 좋습니다. 배경 아트의 목적에 따라 바뀔 수도 있고요. 가로가 긴 16:9, 21:9, 3:2 등으로 제작할 수도 있고, 숏폼 콘텐츠나 모바일 배경 화면, 그 밖에 세로형 디스플레이에 적합한 9:16, 10:21, 2:3 등으로 제작해 볼 수도 있겠죠? 제작하는 이미지의 목적이나 이야기에 따라 해상도를 설정해 보세요.

	인스타그램 피드	X(트위터) 피드	영상 콘텐츠	영화 장면	쇼츠/릴스
해상도	1:1	3:2	16:9	16:9 / 21:9	9:16

▶ 해상도 관련 예제는 08-2절에서 자세히 살펴보겠습니다.

배경 그래픽은 환경, 색감, 도구, 카메라 각도 등으로 해당 장면(배경)이 내포하는 스토리를 보여 줍니다. 따라서 단순히 키워드만 입력할 것이 아니라 이미지 속 세계가 어떤 환경이고, 어떤 색감으로 분위기를 조성하고 있으며, 이러한 환경과 색감에 가장 잘 어울리는 그래픽 표현 방법은 어떤 것인지 구체적으로 생각해야 합니다. 마지막으로 해당 이미지를 어떤 구도로 하면 좋을지까지 고민하고 실제로 만드는 연습을 꾸준히 해보는 것을 추천합니다.

04-2

전반적인 스토리 설정

세계관을 담아 내는 배경 이미지를 미드저니로 만들어 보겠습니다. 이번 예제는 게임 개발자가 아니더라도 소설, 웹툰 등을 창작하는 작가나 취미로 자신만의 세계관을 만드는 분들에게 추천합니다. 콘셉트 아트를 미드저니로 제작할 때는 장르, 시대(시간), 장소, 상황을 설명하는 키워드를 프롬프트에 넣어야 합니다.

하면 된다! ᛣ 콘셉트 아트 표현하기

중세 시대 파괴된 성의 모습, 점심시간 종이 울리는 학교의 모습, 괴물이 등장하는 숲속 등 배경으로 사용할 이미지를 함께 만들어 보겠습니다. 여기에서 배우는 키워드를 잘 조합해서 콘셉트 아트를 완성해 보세요!

예제 01 장르와 세계관

프롬프트에 가장 먼저 Stunning concept art, Action RPG Game concept artwork를 입력해 액션 RPG의 콘셉트 아트임을 선언하겠습니다. 어떤 장르인지 가장 먼저 적고 이어서 시대, 공간, 상황 순서로 프롬프트에 묘사하면 됩니다. 이런 프롬프트를 적으려면 먼저 만들고자 하는 세계관의 이미지를 머릿속에 미리 그려 보아야 합니다.

예제 프롬프트	Stunning concept art, Action RPG Game concept artwork, The capital of a large, dynamic drone cam view of medieval-style destroyed Castles and towns in ruined kingdom capitals, stunning visualization, game illustration background, UHD 8k, ultra-detailed --ar 16:9
응용 프롬프트	Stunning concept art, [게임 장르] concept artwork, [스토리 설정], stunning visualization, game illustration background, UHD 8k, ultra-detailed --ar 16:9

예제 02 시간대

점심시간 종이 금방이라도 울릴 것 같은 낮 시간대의 학교 모습입니다. 학교 교문에서 촬영한 듯 정면에서 로 앵글로 구도를 잡고, 시간대는 오후 12~2시로 설정하여 청명한 하늘을 그려 넣었습니다.

▶ 로 앵글로 촬영하라는 키워드도 함께 넣었습니다.

예제 프롬프트	stunning visualization, background art, front and low angle shot, school, 12~2pm, large scale, wide angle, landscape --ar 16:9 --niji 5
응용 프롬프트	stunning visualization, background art, [카메라 각도], [장소], [시간], large scale, wide angle, landscape --ar 16:9 --niji 5

예제 03 **장소의 분위기**

게임이나 영화, 애니메이션 등에서 숲은 미스터리한 분위기를 연출하는 경우가 많은데요. 아무래도 나무가 빽빽하고 숲 너머에 무엇이 존재하는지 알 수 없는 막연한 두려움을 표현해서인 것 같습니다. 녹색의 공포라고 할까요?

이러한 숲속 분위기를 가장 잘 나타내는 프롬프트 키워드를 추천하자면 Warm natural Lighting(자연광)입니다. 높은 나무들 사이로 비집고 들어오는 빛줄기, 하늘의 축복이 내리는 듯한 한 줄기의 광선 등 자연광과 관련된 프롬프트를 입력하면 이야기의 분위기와 빛이 어우러지는 이미지를 생성할 수 있습니다.

예제 프롬프트	Stunning landscape visualization, passage of deep forest with tall trees, and a monster spider, fantasy genre game inspired, Warm natural Lighting, Hyper-realistic, intricate detail --ar 16:9
응용 프롬프트	Stunning landscape visualization, [공간 배경], fantasy genre game inspired, Warm natural Lighting, Hyper-realistic, intricate detail --ar 16:9

비밀스러운 건물을 묘사할 때는 Stunning Architectural visualization을 활용하면 좋습니다. 프롬프트를 시작하는 맨 처음에 공간 시각화와 관련된 내용을 함께 입력하세요. 배경에 묻히지 않고 잘 어우러지는 이미지를 생성할 수 있습니다.

예제 프롬프트	Stunning Architectural visualization, passage of deep forest with tall trees, and dungeon entrance, mist, fantasy genre movie art inspired, Warm natural Lighting, Hyper-realistic, intricate detail --ar 21:9
응용 프롬프트	Stunning Architectural visualization, [공간 배경], fantasy genre movie art inspired, Warm natural Lighting, Hyper-realistic, intricate detail --ar 21:9

예제 05 시대에 따른 환경

예제 이미지의 시대 배경은 Ancient Paleozoic Era(고생대)입니다. 시대와 당시 환경을 묘사하는 표현을 프롬프트로 입력하면 더욱 좋습니다. 숲뿐만 아니라 다른 공간 이미지를 생성할 때에도 시간 배경을 프롬프트로 활용해 보세요.

예제 프롬프트	Stunning Architectural visualization, Ancient Paleozoic Era forest, documentary film inspired, hot natural Lighting, Hyper-realistic, intricate detail --ar 16:9
응용 프롬프트	Stunning Architectural visualization, [시간 배경/환경], documentary film inspired, hot natural Lighting, Hyper-realistic, intricate detail --ar 16:9

04-3

배경을 연출하는 그래픽 표현 기법

하면 된다! ↗ 장르에 어울리는 표현 기법 적용하기

이번에는 '배경을 무엇으로 그릴 것인가'와 관련해서 설명하겠습니다. 다양한 도구로 배경을 그릴 수 있는데, 세계관 특성에 맞춰 특별한 도구로 그리면 분위기를 조성하기에도 좋습니다.

예제 01 임파스토 기법

이번 예제에서는 유화 기법 가운데 붓이나 칼로 유화 물감을 두껍게 칠해 꾸덕꾸덕한 질감 효과를 내는 임파스토^{impasto} 기법을 키워드로 넣었습니다. 미술 전공이 아니더라도 다양한 창작 기법을 조사해서 프롬프트에 활용해 보세요. AI와 협업하여 생성하는 이미지의 디테일 수준은 무조건 높아집니다.

임파스토 기법을 가장 먼저 입력해서 최우선으로 반영하도록 했습니다.

예제 프롬프트	impasto, oil painting of game concept art, a medieval castle in the style of middle age, gooey texture, romanticism, deep red and brown and ivory tone, wide angle, dark tone --ar 16:9
응용 프롬프트	impasto, oil painting of game concept art, [배경 장소/스토리], gooey texture, romanticism, [전체 색감], wide angle --ar 16:9

예제 02 픽셀 아트

최근에는 실사와 같은 화려한 3D 게임이 출시되고 있습니다. 그런데 가끔 레트로 게임에서 선보였던 픽셀 게임도 그리운데요. 이번에는 미드저니로 레트로 게임 배경을 만들어 보겠습니다.

예제 프롬프트	retro pixel game concept art, retro pixel game background, cyberpunk city, in the style of retrowave --ar 16:9
응용 프롬프트	retro pixel game concept art, retro pixel game background, [배경 장소], in the style of retrowave --ar 16:9

하면 된다! ⑉ 애니메이션 배경 만들기

애니메이션이나 웹툰에는 캐릭터뿐 아니라 이야기 전개를 보여 주는 수많은 배경이 등장합니다. 경쾌한 오프닝 장면의 푸른 하늘이 될 수도 있고, 학교 안이 될 수도 있고, 주인공이 목표로 하는 장소가 배경이 되기도 합니다. 유명한 일본 애니메이션 스튜디오인 지브리 스튜디오의 영화에도 늘 등장하는 장면이 있습니다. 바로 먹음직스러운 요리가 가득한 장면인데요. 애니메이션에서 군침 도는 요리가 만들어지는 풍경도 미드저니로 생성할 수 있습니다.

예제 01 **니지저니 풍 애니메이션**

애니메이션 장르를 가장 잘 표현할 수 있는 미드저니만의 파라미터가 있죠? 바로 니지저니 효과의 --niji입니다. --niji 파라미터와 배경에 어울리는 프롬프트를 함께 활용해서 애니메이션 배경을 만들어 보겠습니다.

--niji 5 파라미터를 활용해서 생성한 이미지

니지저니의 효과를 좀 더 확실히 알아보려고 --niji 파라미터를 사용하지 않고 미드저니 일반 버전으로 생성한 이미지를 가져왔습니다. 다른 것은 모두 동일하게 입력하고 버전만 다르게 적용했습니다. 두 이미지를 비교해 보고 여러분의 스토리에 어울리는 작화 버전을 선택해서 작업해 보세요.

니지저니를 사용했을 때와 느낌이 사뭇 다르죠?

미드저니 기본 버전으로 생성한 이미지

예제 프롬프트	beautiful animation background artwork, 1980s apartment kitchen where delicious dishes are made, in the style of a 1990's Japanese anime, flat colors, wallpaper, cel animation --ar 16:9 --niji 5
응용 프롬프트	beautiful animation background artwork, [장소 묘사], in the style of a 1990's Japanese anime, flat colors, wallpaper, cel animation --ar 16:9 --niji 5

예제 02 미드저니 풍 애니메이션

--niji 파라미터를 사용하지 않아도 애니메이션의 배경을 만들 수 있다는 것을 배웠습니다. 이번 예제는 미드저니 자체로 만든 애니메이션 배경입니다. --niji 파라미터를 사용했을 때와 비교해 보니 어떤가요? 생성된 이미지의 작화나 디테일에서 확실히 다르다는 것을 알 수 있습니다.

예제 프롬프트	beautiful animation background artwork, Stairs down to the village, trees on either side, in the style of a 1990's anime, flat colors, wallpaper, cel animation --ar 16:9
응용 프롬프트	beautiful animation background artwork, [장소 묘사], in the style of a 1990's anime, flat colors, wallpaper, cel animation --ar 16:9

장면 파라미터

02-4절에서 파라미터를 배울 때 **--niji** 파라미터와 함께 쓰면 더욱 효과적인 파라미터를 몇 가지 알아봤습니다. 배경과 풍경을 돋보이게 생성하는 파라미터는 **--style scenic**입니다. 캐릭터가 아닌 풍경을 강조할 때는 **--niji**와 함께 --style scenic 키워드를 사용해 주세요.

예제 프롬프트	Stunning Architectural visualization, Skyscraper soaring through the clouds high in the sky, river view, overlooking perspective, bright color, light blue main tone, green yellow auxiliary tone, clear sky, blue sky and white clouds, high quality animation style, 32k ultra HD, cartoon realism, color pictures **--ar 16:9** --style scenic --niji 5
응용 프롬프트	Stunning Architectural visualization, [장면 묘사], [전체 색감], high quality animation style, 32k ultra HD, cartoon realism, color pictures --ar 16:9 --style scenic --niji 5

하면 된다!﹜ 동화에 어울리는 도구 사용하기

삽화는 어떤 도구를 사용하느냐에 따라 분위기가 크게 달라집니다. 따라서 동화책 삽화를 그릴 때 그림 도구는 특히 더 중요한 요소입니다. 마커 펜, 수채 색연필, 색연필, 오일 파스텔을 키워드로 넣어 프롬프트를 입력해 보세요.

이번 예제에서 사용한 도구는 marker pen(마커 펜)입니다. 신비한 나라의 겨울 풍경을 그렸고, 시간 배경으로는 달빛이 내리는 밤을 표현했습니다. 그리고 겨울이라는 계절이 잘 드러나도록 cool tone colors 키워드를 넣어 푸른 계열의 차가운 색감을 표현했습니다. 시공간에 따른 색감 프롬프트까지 잘 입력한다면 균형 잡히고 아름다운 이미지를 생성할 수 있습니다.

예제 프롬프트	fairy tale illustration, Drawn with a marker pen, winter wonderland, moonlight, cool tone colors --ar 16:9
응용 프롬프트	fairy tale illustration, Drawn with a marker pen, [공간 묘사], [시간], [전체 색감] --ar 16:9

예제 02   수채 색연필

이번 예제에 사용한 도구는 watercolor pencils(수채 색연필)입니다. 수채 색연필은 색연필로 채색하고 물을 묻힌 붓으로 건드려 재밌게 표현할 수 있는 도구입니다. 그리고 미드저니가 빈티지 종이에 그림을 그리도록 종이 정보도 프롬프트에 입력했습니다. 미드저니는 붓도, 수채 색연필도 될 수 있고, 흔한 종이가 아닌 빈티지 종이가 될 수도 있습니다.

무엇이든 상상
해 보세요!

예제 프롬프트	background artwork for Children's book illustration, use watercolor pencils on the vintage paper, muted colors palette, A beautiful pond that reflects the stars in the night sky --ar 16:9
응용 프롬프트	background artwork for Children's book illustration, use watercolor pencils on the vintage paper, muted colors palette, [장소 묘사/시간] --ar 16:9

예제 03 색연필

이번에는 일반 색연필을 사용하고 --niji 파라미터를 활용했습니다. 색연필이라는 도구와 니지저니라는 애니메이션에 특화된 기능을 조합해서 따뜻하고 아름다운 작화를 완성할 수 있습니다.

예제 프롬프트	color pencils painting, background artwork for children's illustration book, beautiful land, calm, warm and soft colors, fairytale lighting, soft shading --ar 16:9 --niji 5
응용 프롬프트	color pencils painting, background artwork for children's illustration book, [장소 묘사], [전체 분위기], fairytale lighting, soft shading --ar 16:9 --niji 5

예제 04 오일 파스텔

오일 파스텔을 활용하는 것과 아울러 그림을 어디에서 그리고 있는지 지정해 보세요. 이번 예제는 언덕 위에서 마을을 내려다보는 시점입니다. 현재 있는 위치를 상상하고 저 아래에 무엇이 펼쳐져 있는지 상상하며 프롬프트를 작성해 보세요.

예제 프롬프트	Children's book illustration, oil pastel painting, warm colors, Mushroom-shaped town overlooking the hills in autumn --ar 16:9
응용 프롬프트	Children's book illustration, oil pastel painting, warm colors, [장소 묘사] [바라보는 시각] --ar 16:9

04-4

배경에 담기는 구성 요소

하면 된다! } 배경을 구성하는 요소 넣기

배경 속 공간을 구체적으로 묘사할 때는 배경을 구성하는 오브젝트 키워드를 넣어 주는 것이 좋습니다. 아울러 그 공간의 용도를 설명하는 키워드까지 넣어 주면 미드저니가 프롬프트를 더 쉽게 이해할 수 있습니다.

예제 01 특정 건물 안

건물 내부를 표현할 때는 interior와 같이 실내를 가리키는 단어를 꼭 넣어 주세요. 그리고 건물의 용도를 잘 설명하기 위해 그곳에 존재하는 구성품이나 건물의 목적도 묘사해 주세요.

예제 프롬프트	Stunning concept art, Action RPG Game concept artwork, interior concept design, medieval forges for weapons, stunning visualization, game illustration background, UHD 8k, ultra-detailed --ar 16:9
응용 프롬프트	Stunning concept art, [게임 장르] concept artwork, interior concept design, [장소 묘사], stunning visualization, game illustration background, UHD 8k, ultra-detailed --ar 16:9

예제 02 군중 표현

이번에는 엄청난 기술로 발전한 사이버펑크 도시의 기차역으로 가볼까요? 도심으로 보이는 이곳에는 정말 많은 인파가 모여 있습니다. 이렇게 배경과 군중을 함께 묘사하려면 crowd shot of(군중이 모여 있는)를 입력하면 됩니다.

▶ 과거 회상이나 분위기 조성을 위한 흑백 톤 키워드를 사용했습니다.

예제 프롬프트	Stunning concept art, scifi genre artwork, crowd shot of A futuristic train station in a cyberpunk city, black and white colors tone, game illustration background, UHD 8k, ultra-detailed --ar 16:9
응용 프롬프트	Stunning concept art, scifi genre artwork, crowd shot of [장소 묘사], [전체 색감], game illustration background, UHD 8k, ultra-detailed --ar 16:9

살고 싶은 세계 만들기

4장에서는 배경 이미지를 만드는 프롬프트 키워드를 살펴봤습니다. 이 키워드를 프롬프트 블록에 넣어 정리한 다음, 미드저니에게 이미지를 만들어 달라고 요청해 보세요.

프롬프트 블록 1 — 게임 속 아지트 만들기

1. 전체 그림/그래픽 요소	2. 이야기(묘사)	
3. 효과	4. 도구	5. 파라미터

프롬프트 블록 2 — 놀러 가고 싶은 여행지 만들기

1. 전체 그림/그래픽 요소	2. 이야기(묘사)	
3. 효과	4. 도구	5. 파라미터

05 광고, 제품 시안을 위한 오브젝트 만들기

이번 장에서는 제품, 조형물, 가구를 만들 때 유용한 프롬프트를 소개합니다. 프롬프트를 잘 응용하면 다양한 오브젝트를 만들 수 있습니다. 오브젝트 이미지는 디자인 시안이나 홍보 이미지 등에 활용할 수 있어 알아 두면 매우 유용합니다.

05-1

오브젝트를 표현할 때 고려할 3가지 키워드

주변에서 쉽게 접하는 흔한 소재나 작은 이야깃거리를 찾아 미드저니로 만들어 보세요. 단순한 오브젝트에 불과했던 것도 미드저니와 여러분의 상상을 덧붙인다면 멋진 작품이 될 수 있습니다. 오브젝트는 상상력이 가장 중요한 카테고리인 것 같습니다. 작은 소재라도 상상에 따라 아름답게 변화할 수 있습니다. 오브젝트를 표현할 때 가장 중요한 키워드 3가지를 소개합니다.

미드저니로 오브젝트를 만들 때에는 다음 순서로 진행해 보세요.

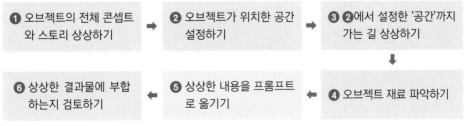

오브젝트 표현 과정 6단계

05-2

오브젝트의 테마

하면 된다! ⟩ 테마 스타일 표현하기

오브젝트를 하나 떠올렸을 때 가장 먼저 설명할 수 있는 방법은 색상과 형태, 재료 등으로 형성되는 느낌을 이야기하는 것입니다. 이 느낌을 테마라 하고, 참조할 수 있는 테마를 프롬프트 키워드로 넣으면 추상적이라서 표현하기 어려웠던 느낌을 미드저니로 표현할 수 있습니다.

예제 01 특정 스타일의 용기

첫 번째 예제는 화장품 용기입니다. 푸른 색상의 유리 재질로 만들어진 그리스 스타일의 디자인으로 만들 거예요. 다양한 키워드를 조합해서 세상에 없는 디자인, 하지만 실제로 있다면 정말 멋지고 재밌을 제품을 만들어 보세요.

▶ 특정 제품을 잘 만들기 위한 방법은 [한 걸음 더] 코너를 참고하세요!

예제 프롬프트	one type of blue glass cosmetic packaging on greek style marble plate, greek art theme, no labels, morning soft light, minimal --ar 16:9
응용 프롬프트	one type of [색상] [재료] [용도] packaging on [촬영 장소], [테마] art theme, no labels, [조명], minimal --ar 16:9

예제 02 테마 공간

이번 예제는 '아이 방의 벽에 걸려 있는 고무와 나무로 만든 설치 미술품'입니다. 이 설명 문구가 프롬프트에 이미 다 들어 있네요.

- 아이 방의 → 테마 공간
- 고무와 나무로 만든 → 재료
- 벽에 걸려 있는 → 조형물의 위치
- 설치 미술품 → 조형물의 역할

프롬프트에는 테마, 장소, 재료, 목적도 중요한 역할을 합니다. 이야기를 이미지 형태로 현실로 불러올 때 디테일을 더욱 풍부하게 해주죠. 단순히 "조형물을 만들어줘"가 아니라 "아이 방의 벽에 태양계를 테마로 하는 설치 미술품을 만들어 줘"라고 구체적으로 적는 것이 좋습니다.

예제 프롬프트	activity wall for children, solar system theme, in the style of wall sculpture and installation, simple framing, layered stacking, naturalist, made of rubber and painted wood, simple color pallet --ar 16:9

응용 프롬프트	[테마 공간], [오브젝트 테마], in the style of [오브젝트 설정], simple framing, layered stacking, naturalist, made of [재료/색상] --ar 16:9

예제 03 색상이 돋보이는 오브젝트

등산을 하다 보면 종종 소원의 돌탑을 만납니다. 평소 같았으면 그냥 지나쳤을 텐데, 미드저니를 알게 된 이후부터는 돌탑도 다르게 보이더라고요. 누군가의 간절한 소원으로 쌓아 올린 돌탑을 채색하면 어떤 모습이 될까 싶었죠. 이번 예제에서는 단순한 돌에 색을 입히고 배경을 검은색으로 설정해서 돌탑의 색을 강조했습니다. 배경과의 색상 대비를 이용해 오브젝트를 강조해 보세요.

▶ 05-4절에서 오브젝트를 돋보이게 하는 배경 연출법을 더 자세히 배웁니다.

예제 프롬프트	minimal and simplistic abstract rock sculpture standing on the floor, rainbow colors, dark grey background --ar 16:9
응용 프롬프트	[오브젝트 설정] standing on the floor, [색상], [배경색] background --ar 16:9

예제 04 제품 일러스트레이션

제품을 사진으로 촬영한 것처럼 만들 수도 있지만, 이번 예제는 일러스트를 그린 것처럼 작업할 거예요. 맨 앞에 product illustration을 입력해서 제품을 일러스트로 그릴 것이라고 미리 일러 두면 됩니다. 그리고 제품과 주변의 꾸밈도 설명해서 전체 구도를 정리합니다.

예제 프롬프트	product illustration, minimal product illustration, coffee beans on the stone plate, warm lighting, flat colors --ar 16:9
응용 프롬프트	product illustration, minimal product illustration, [제품] [촬영 배경], [조명], [색감] --ar 16:9

하면 된다! 〉 특정 부분을 강조해서 가구 디자인하기

가구는 형태를 구체적으로 묘사하는 것이 중요합니다. 용도에 맞추어 디자인할 수 있도록 가구의 사용 목적도 디자인 방식과 함께 적어 주세요. 그리고 만약 영감을 받은 대상 또는 기법이 있다면 그 내용도 추가해 보세요. 더욱 멋진 가구 이미지를 생성할 수 있습니다. 미드저니는 가구의 역할을 중심으로 다양한 디자인과 색감, 재료 등을 조합해서 실제로 사용할 법한 멋진 가구도 제작하고, 어디서도 볼 수 없는 가구도 새롭게 만들어 줍니다.

예제 01 재료를 강조한 디자인

대나무 숲에 가본 적 있나요? 저는 어렸을 때 대나무 숲을 걸었던 기억이 있습니다. 온통 푸른 대나무 잎으로 가려졌던 시야, 사람 키의 두 배는 거뜬히 넘어 보이는 울창한 대나무의 기둥들, 그 사이로 불어오는 시원한 바람과 전해 오는 대나무 향. 그때 느꼈던 모든 감각을 잊지 못합니다.

소재와 디자인 아이디어를 옛 기억에서 가져왔더니, 대나무로 만든 소파가 있다면 어떨까 싶더라고요. 여러분의 기억에는 어떤 장면이 인상적인가요? 그 기억을 프롬프트의 재료로 활용해서 가구의 용도와 재료, 촬영 방향을 생각해 보세요.

예제 프롬프트	product design, a couch made out of Bamboo, Potted tree made of bamboo, minimal background, centered, front view --ar 16:9
응용 프롬프트	product design, [용도] made out of [재료], minimal background, centered, [촬영 방향] --ar 16:9

예제 02 고급스러운 디자인

럭셔리 호텔이나 회원권 소지자만 들어갈 수 있는 프라이빗 라운지에 있을 법한 고급 가구는 어떻게 만들까요? 프롬프트를 입력할 때 Luxury [용도] furniture로 시작해 보세요. 그 뒤로는 가구를 어떻게 디자인할지, 재료는 어떤 것으로 할지, 영감을 받을 시대는 어떻게 설정할 것인지 차례차례 입력하면 됩니다.

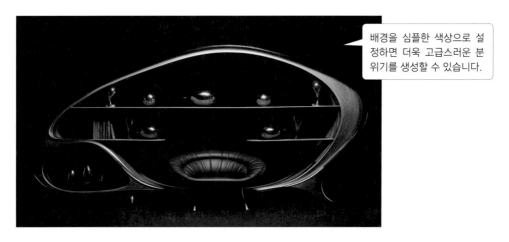

> 배경을 심플한 색상으로 설정하면 더욱 고급스러운 분위기를 생성할 수 있습니다.

예제 프롬프트	Luxury shelf furniture - surreal shaped, artistic furniture, Bent Curve Styles, hyperdetailed, modern art, photo realistic, 12k, uhd, black background with no shadows --ar 16:9
응용 프롬프트	Luxury [용도] furniture - [디자인], hyperdetailed, modern art, photo realistic, 12k, uhd, [배경색] --ar 16:9

예제 03 시대를 반영한 디자인

어디에도 없는 디자인을 만들 때 현재가 아닌 과거나 미래의 시간을 조합하면 좀처럼 볼 수 없는 디자인을 만들 수 있습니다. 이번 예제에서 사용한 시간은 '1970년대'와 '복고미래주의^{retro-futurism}'입니다. 1960~70년대 사람들은 미래를 상상하면서 당시의 디자인 기법을 활용해 다양한 창작 활동을 했는데요. 그때의 감각적인 디자인을 차용하기 위해서 시대적 배경을 표현하는 프롬프트로 1970s product, retro-futuristic을 사용했습니다.

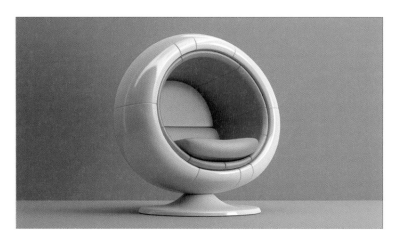

예제 프롬프트	1970s product photography, retro-futuristic Egg-shaped chair, art deco, 3D render mockup --ar 16:9
응용 프롬프트	[시대적 배경] product photography, [디자인], art deco, 3D render mockup --ar 16:9

05-3

오브젝트의 세부 명칭

하면 된다! ⟩ 세부 명칭을 넣어 구체적으로 디자인하기

신발은 가장 가까이에 있는 패션 아이템이면서 사랑받는 브랜드도 많고, 취미나 재테크로 수집하는 분도 많을 정도로 인기 있는 제품군입니다. 그러다 보니 애정의 연장선으로 미드저니를 활용해서 자신이 원하는 디자인으로 커스터마이징을 즐기는 분이 많습니다. 신발은 워낙 종류가 다양하다 보니 종류별 명칭과 브랜드별 디자인, 기능 등을 유심히 살펴보고 프롬프트 작업을 하는 것이 좋습니다.

예제 01 특정 부분의 재료와 색상
이번 예제에서 다룰 신발 이미지는 뮬^{mule} 형태의 구두입니다. 프롬프트에는 촬영위치, 구두의 색상, 재료, 그리고 배경을 자세히 작성했습니다.

예제 프롬프트	a product photo of beige mule, in vintage jeans and mechanical parts, material, pastel beige details, high-end fashion design, elegant design, elegant beige background, photo taken from the side --ar 16:9
응용 프롬프트	a product photo of [신발 종류], [재료], material, [전체 색감], high-end fashion design, elegant design, [배경색], [촬영 장소] --ar 16:9

예제 02 특정 부분의 형태

운동화는 부위별 이름과 기능을 알고 있다면 미드저니로 디자인할 수 있는 범위가 넓어집니다. 운동화 부위별로 형태는 어떻게 할지, 재료는 무엇으로 만들지, 신발 끈의 유무는 어떻게 할지 등 프롬프트를 직접 입력하며 조정해 보세요.

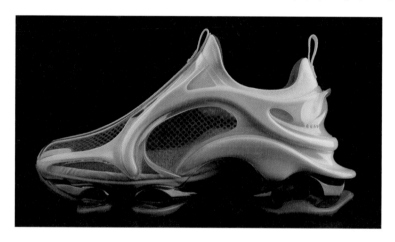

예제 프롬프트	a product photo of sneakers, The upper of the shoe is made of transparent plastic, the insole and outsole are made of red metal, there are no shoe laces, and the design is bizarre and challenging theme is flytraps, green and red details, high-end fashion design, elegant design, elegant beige background, photo taken from side view --ar 16:9
응용 프롬프트	a product photo of sneakers, [갑피의 형태/재료], [인솔/아웃솔의 재료], [신발끈 유무], and the design is [테마], [색상], high-end fashion design, elegant design, elegant beige background, photo taken from side view --ar 16:9

운동화의 부위별 명칭과 역할을 표로 정리해 뒀으니 참고해서 여러분만의 신발을 디자인해 보세요.

국문 명칭	영문 명칭	역할
갑피	Upper	신발의 외관 디자인과 형태를 유지하고 발등과 관절을 보호하는 역할을 합니다.
신끈	Shoelace	신발이 발에 잘 맞도록 조절하는 끈입니다.
설포	Tongue	갑피에 붙어 있으며 발등을 보호하는 역할을 합니다.
선포	Vamp	갑피의 앞부분을 말하며, 발의 앞쪽(발부리)을 덮는 역할을 합니다.
앞보강	Toe cap	신발을 착용했을 때 발이 앞쪽으로 움직이더라도 앞날개가 감당할 수 있도록 신발 끝 쪽에 본래의 치수보다 길이와 너비를 더한 여유분을 말합니다.
뒷보강	Back counter	발뒤꿈치의 보호와 안정성을 위해 단단한 재료를 사용한 패드입니다.
밑창	Sole	신발의 하부(인솔, 미드솔, 아웃솔)를 구성합니다.
겉창	Outsole	지면과 접하는 부분으로, 보행하거나 운동할 때 겉창의 패턴에 따라 미끄러짐 방지와 안정감을 주는 역할을 합니다.
중창	Midsole	안창과 겉창 사이에 샌드위치처럼 삽입한 부분을 말하며, 걸을 때의 충격을 흡수하고 분산하는 역할을 합니다.
안창	Insole	신발 내면의 바닥 부위에 있어서 신발과 직접 접촉하고 분리할 수 있으며 발의 피로를 방지해 줍니다.

05-4

오브젝트가 전시된 장소

하면 된다! ▶ 배경을 활용하여 오브젝트 강조하기

오브젝트를 강조하는 방법 가운데 하나는 오브젝트를 제외한 다른 부분에 시선이 가지 않도록 하는 것입니다. 배경을 조화롭게 연출하여 오브젝트가 눈에 띄는 이미지를 만들어 보겠습니다.

예제 01 배경 제거하기

마치 스튜디오에서 촬영한 제품 이미지 같지 않나요? 이처럼 스튜디오에서 촬영한 듯한 오브젝트 이미지를 만들고 싶다면 배경 키워드를 background color is white 로 입력하고, 배경에 다른 이미지가 나오지 않도록 --no background graphic을 입력합니다.

예제 프롬프트	close up one type of beautiful and blue glass cosmetic packaging, nature theme, no labels, studio light, minimal, background color is white, --no background graphic --ar 16:9
응용 프롬프트	close up one type of beautiful and blue glass cosmetic packaging, nature theme, no labels, studio light, minimal, background color is [배 경색] --no background graphic --ar 16:9

예제 02 오브젝트에 초점 맞추기

하나의 피사체를 중심으로 사진 촬영을 할 때 렌즈의 포커스를 해당 피사체에 맞춥니다. 미드저니로 제품을 만들 때도 마찬가지입니다. 특정 부분을 집중해서 찍을 때에는 피사체를 묘사하는 토큰(프롬프트 속 단어) 앞에 focus on을 입력해 주세요.

예제 프롬프트	focus on Cereal box and one bowl on the table, iconic design packaging, nature lighting, minimal, background is brown gradient --ar 16:9
응용 프롬프트	focus on [오브젝트] on the table, iconic design packaging, nature lighting, minimal, background is brown gradient --ar 16:9

예제 03 전시된 오브젝트

박물관에 가면 유리관 안에 전시된 다양한 유물을 볼 수 있습니다. 여러분은 박물관의 유물을 감상할 때 어떤 것을 유심히 살펴보나요? 저는 주로 관람객의 동선, 유물의 배치 기준, 전시된 유물이 당시에 어떤 재료로 만들어졌는지 확인합니다. 감상자로서 시각을 박물관 전체에서 유물의 재료로 서서히 옮기며 그 디테일을 하나하나 유심히 살펴보는 것이죠. 오브젝트를 만나는 모든 과정을 상상하여 작업해 보세요. 머릿속에서 상상하는 것도 정말 중요한 프롬프트 생성 과정입니다.

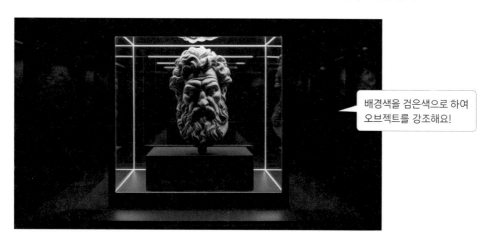

배경색을 검은색으로 하여 오브젝트를 강조해요!

예제 프롬프트	front facing picture of greek head statue in the glass display box, Lighting for artefacts on display in a museum, hyperdetailed, background is black --ar 16:9
응용 프롬프트	front facing picture of [오브젝트 설정] [위치], [조명], hyperdetailed, background is [배경색] --ar 16:9

소장하고 싶은 물건 만들기

5장에서는 오브젝트를 만드는 프롬프트 키워드를 살펴봤습니다. 이 키워드를 프롬프트 블록에 넣어 정리한 다음, 미드저니에게 이미지를 만들어 달라고 요청해 보세요.

프롬프트 블록 1 — 사고 싶은 제품 만들기

1. 전체 그림/그래픽 요소	2. 이야기(묘사)	
3. 효과	4. 도구	5. 파라미터

프롬프트 블록 2 — 집에 놓고 싶은 가구 만들기

1. 전체 그림/그래픽 요소	2. 이야기(묘사)	
3. 효과	4. 도구	5. 파라미터

제품을 돋보이게 하는 프롬프트 기법

제품 디자인은 브랜드와 용도에 따라 각각 다릅니다. 미드저니를 사용하면 나만의 제품을 만들어 볼 수 있을뿐더러, 제조 회사에 재직 중이라면 신제품을 기획할 때 아이디에이션^{ideation} 차원으로 시안을 만들어 볼 수도 있겠네요.

저는 레퍼런스를 수집할 때 잡지를 많이 봅니다. 잡지에는 수많은 광고가 있고, 정말 다양한 제품 디자인을 볼 수 있거든요. 어떻게 해야 제품을 최대한 매력적으로 보이게 할지 광고 연출법도 배울 수 있어 좋더라고요. 이번에는 제품 광고 이미지를 만들 때 어떻게 연출하면 좋은지 고려해야 할 6가지 포인트를 말해 보려 합니다.

> • 제품의 색상　　　　　• 제품의 재료　　　　　• 제품의 용도
> • 제품을 전시한 공간　　• 제품의 테마　　　　　• 제품을 비추는 조명

① 제품의 색상
제품의 콘셉트와 가장 잘 맞는 색상 팔레트를 프롬프트에 입력하세요. 단, 너무 많은 색상을 입력하면 제대로 생성되지 않을뿐더러 조잡한 이미지가 나올 수 있으니 명확한 전달을 위해 1~3가지 색만 조합하여 입력하는 것이 좋습니다.

② 제품의 재료
플라스틱, 유리, 돌, 다이아몬드, 얼음 등 정말 다양한 재료를 활용할 수 있습니다. 재료야말로 창의적인 이미지를 생성할 수 있는 핵심 요소입니다. 이질적인 재료를 섞어 보기도 하고 현실에 있는 재료를 그대로 활용해도 좋습니다. 제품이 무엇으로 만들어졌는지 자세하게 입력해 주세요.

③ 제품의 용도
제품을 만든다 해도 무슨 제품인지 명확하지 않다면 위에 언급한 재료로 이미지가 생성됩니다. 제품이라는 스토리를 넣어야 합니다. 어떤 용도로 사용하는 제품인지 명확하게 입력해 주세요.

④ 제품을 전시한 장소

지금 만들고 있는 제품을 더욱 멋지게 표현하려면 제품을 전시할 장소를 묘사해 주세요. 마치 광고의 한 장면처럼, 유물이 박물관에 전시되고 있는 것처럼 제품이 어디에 놓여 있는지 상상해 보고 프롬프트에 입력합니다.

⑤ 제품의 테마

제품의 테마를 구체적으로 설정해 보세요. 생동감 넘치는 제품 이미지를 만들 수 있습니다.

⑥ 제품을 비추는 조명

자연광을 사용해서 깨끗한 이미지를 보여 줄 것인지, 스튜디오 조명으로 광고에 나오는 것처럼 제품을 표현할 것인지 제품의 테마와 용도에 따라 조명 효과를 다르게 적용하면 됩니다.

색상, 테마, 조명 등을 고려하여 만든 휴대폰 이미지

06

건축, 인테리어 공간 디자인하기

거리를 걷다 보면 하늘 높이 치솟은 마천루도 보이고, 특이한 외관의 건물도 심심치 않게 만날 수 있습니다. 감각적인 인테리어의 카페에서 커피와 디저트를 즐기기도 하죠. 이렇게 생활 곳곳에 공간이 자리하고 있고, 그곳에서 다양한 관계가 형성됩니다. 많은 사람들이 드나들고 이용하면서 다양한 이야기가 오가는데요. 요즘 건축, 공간 디자인 업계에서는 이미지 생성 AI를 활용해서 레퍼런스를 만들고 이를 활용해서 실제 건축 디자인에 활용하고 있습니다.

06-1

공간을 표현할 때 고려할 5가지 키워드

건축 디자인을 아예 몰라도 미드저니만 있으면 손쉽게 공간 디자인을 할 수 있습니다. 공간을 만드는 프롬프트를 설계할 때는 외부인지 내부인지 먼저 결정한 후 다음의 4가지를 고려해서 입력합니다.

공간의 용도	테마	공간의 주재료	배경
카페 다이너 침실 욕실	레트로 모던	황동 유리 나무	숲속 바다 사막

우선 외부냐 내부냐에 따라서 이미지의 모습이 완전히 달라지겠죠? 또한 높은 건물이라면 해상도를 9:16, 2:3 등 세로형으로 설정해야 건물 전체가 잘 나올 것입니다. 그리고 어떤 공간을 만드는지, 즉 용도는 프롬프트에 꼭 넣어 주세요. 공간의 용도에 따라 건물의 디자인이 확 달라질 것입니다. 카페를 만들려고 했는데 '카페'라는 키워드는 넣지 않고 공장 콘셉트라고만 프롬프트에 입력한다면 말 그대로 공장이 생성될 테니까요. 이어서 공간의 테마와 용도에 따라 다양한 재료를 활용해서 공간을 연출해 보세요.

이 외에 공간을 바라보는 방향을 설정하거나 공간에서 특히 표현하고 싶은 부분을 확대하는 방법을 함께 활용하면 보여 주고 싶은 부분을 쉽게 강조할 수 있습니다.

06-2

건물의 외관

건물의 외관을 그릴 때는 건물의 용도부터 건물 전체를 아우르는 재료, 건물은 언제 촬영하였는지, 주변의 환경은 어떠한지까지 다양하게 상상하면서 프롬프트에 옮겨 보세요.

하면 된다!╷ 건축 재료 재구성하기

건물의 외관을 만드는 미드저니 프롬프트 첫 번째 예제는 건물을 구성하는 재료와 촬영 시간을 중심으로 살펴보겠습니다.

예제 01 황동과 유리로 만든 카페

시애틀에 있는 스타벅스 리저브 로스터리^{Starbucks Reserve Roastery}에 갔을 때 황동색의 거대한 로스팅 기계를 잊지 못합니다. 그때의 기억을 되살려서 만약 카페 건물 전체가 단순히 황동색이 아니라 진짜 황동과 유리로 만든다면 어떤 느낌일까 하는 호기심에 프롬프트를 작성해 봤어요.

프롬프트의 첫 시작은 어떤 건물인지(Café) 입력했고, 이어서 그 건물의 재료인 황동과 유리(brass and glass)를 입력했습니다. 그리고 황동의 느낌을 더욱 돋보이게 하기 위해 촬영 시간 키워드로 해질녘을 설정했습니다.

예제 프롬프트	Cafe building made of brass and glass, a Photo of building taken at dusk, postmodernist, machine age aesthetics, light-filled landscapes --ar 16:9
응용 프롬프트	[용도] building made of [재료], a Photo of building taken at [촬영 시간] postmodernist, machine age aesthetics, light-filled landscapes --ar 16:9

하면 된다! } 건물이 세워진 환경 설정하기

건물이 어디에 세워졌는지 주변 환경도 굉장히 중요한 요소입니다. 주변 환경에 따라 건물의 디자인과 용도, 재료 등이 달라질 수 있으니까요. 이번 예제는 공간 자체에 대한 프롬프트는 고정하고 배경만 다양하게 바꿔 보려고 합니다. 마지막 하나의 토큰을 바꾸는 것만으로도 어디로든 이동할 수 있습니다. [환경] + landscape 키워드로 환경에 변화를 주며 재미있는 건물을 만들어 보세요.

예제 01 숲속에 설치된 트레일러 하우스

가장 먼저 숲속에 설치된 트레일러 하우스 이미지입니다. 어렵게 생각하지 않아도 됩니다. 숲을 가리키는 키워드 forest만 넣어 주면 숲을 배경으로 하는 이미지를 손쉽게 만들 수 있습니다.

예제 프롬프트	Editorial photography, Side-view, Living Vehicle carrying a trailer with living spaces and a greenhouse on top, white-core, modular design, forest landscape --ar 16:9
응용 프롬프트	Editorial photography, Side-view, [콘셉트/외관], [건물이 설치된 위치] --ar 16:9

예제 02 바다에 설치된 트레일러 하우스

이번에는 트레일러 하우스를 바다에 위치시켜 보겠습니다. 예제 01 에서 사용한 forest 대신 ocean을 넣어 주면 됩니다.

예제 프롬프트	Editorial photography, Side-view, Living Vehicle carrying a trailer with living spaces and a greenhouse on top, white-core, modular design, ocean landscape --ar 16:9

사막에 설치된 트레일러 하우스

사막에 설치된 트레일러 하우스를 표현하기 위해 사막 키워드 desert를 입력했습니다. 트레일러 하우스 내부도 사막 배경의 색상과 어우러지게 연출된 것을 확인할 수 있습니다.

예제 프롬프트	Editorial photography, Side-view, Living Vehicle carrying a trailer with living spaces and a greenhouse on top, white-core, modular design, desert landscape --ar 16:9

예제 04 **빙원에 설치된 트레일러 하우스**

건물이 존재하는 것이 상상하기 어려운 빙원에도 트레일러 하우스를 위치시켜 보겠습니다. iceberg 키워드를 입력해 보세요.

예제 프롬프트	Editorial photography, Side-view, Living Vehicle carrying a trailer with living spaces and a greenhouse on top, white-core, modular design, iceberg landscape --ar 16:9

하면 된다! ⟩ 건물을 여러 방향에서 바라보기

건물의 외관은 어디에서 바라보냐에 따라 다르게 보입니다. 균형 잡힌 디자인의 아파트마저도 그렇죠. 미드저니를 사용하면 드론을 띄우지 않아도 하늘에서 해당 건물과 그 주변 환경을 촬영할 수 있고, 높은 건물에 아주 가까이 다가가 건물의 표면을 촬영할 수도 있습니다. 미드저니를 카메라라고 생각하고 어느 위치에서든 여러분이 만든 건물을 촬영해 보세요. 이때 주변 환경도 함께 묘사해 준다면 카메라 프레임 안에 건물과 주변의 아름다운 풍경이 함께 녹아 들 것입니다.

예제 01 건물 내부에서 바라본 광경

사람들이 건물을 어떻게 이용하는지를 표현하면 공간을 보다 효과적으로 보여 줄 수 있습니다. 건물 내부에서 바라본 건물의 모습을 만들어 보세요.

예제 프롬프트	Take a photo of a crowded entrance, Stunning Architectural visualization, professional design of surrealism, Museum, Museum on a hill overlooking the sea, SciFi movie inspired, Warm natural Lighting, Hyper-realistic, intricate detail --ar 16:9

응용 프롬프트	[건물을 바라보는 관점], Stunning Architectural visualization, professional design of surrealism, Museum, Museum on a hill overlooking the sea, SciFi movie inspired, Warm natural Lighting, Hyper-realistic, intricate detail --ar 16:9

예제 02 새의 시선으로 멀리서 바라본 건물

드넓은 바다가 보이는 언덕배기에 위치한 건물을 표현한다면 건물의 큰 특징이 될 수 있는 풍경을 함께 보여 주는 것이 좋습니다. 조감도를 그리듯 새의 시선으로 바라본 각도를 키워드로 넣어 주세요.

예제 프롬프트	Bird's eye view from very high up, Stunning Architectural visualization, professional design of surrealism, Museum, Museum on a hill overlooking the sea, SciFi movie inspired, Warm natural Lighting, Hyper-realistic, intricate detail --ar 16:9

건물을 옆에서 바라본 입면은 side view라는 키워드를 넣어 표현할 수 있습니다.
앞선 예제에서 그려 본 건물을 옆에서 바라본 다음의 모습도 그려 보세요.

예제 프롬프트	side view, Stunning Architectural visualization, professional design of surrealism, Museum, Museum on a hill overlooking the sea, SciFi movie inspired, Warm natural Lighting, Hyper-realistic, intricate detail --ar 16:9

06-3

인테리어

이 책에서 계속 강조하는 것은 여러분의 실제 경험과 상상, 이야기입니다. 건물 내부 역시 외관을 만들 때와 마찬가지로 프롬프트 창에 입력하기 전까지는 아무것도 없는 텅 빈 우주와 같습니다. 우리가 프롬프트를 어떤 이야기로 채워 넣느냐에 따라 이 우주의 모습이 달라질 것입니다. 건물 내부를 어떤 공간으로 꾸며보고 싶은가요? 공간 내부를 만들 때는 프롬프트의 순서를 다음과 같이 입력해 보세요.

> 공간의 용도 → 면적이 가장 큰 부분 묘사 → 테마/스타일 → 가구/소품 등 디테일 → 조명

면적이 가장 큰 부분은 바닥과 창문, 천장 등이겠죠? 색상과 재료, 무늬 등을 묘사해 보세요.

하면 된다! ∤ 공간의 특징을 살려 디자인하기

공간은 역할에 따라 강조할 점과 콘셉트가 다르므로 그 공간만의 특별한 점을 살려서 디자인하는 것이 중요합니다. 예제에서 공간을 잘 보여 주기 위해 어떤 요소를 사용했는지 유념하며 따라 입력해 보세요. 이번 예제에서는 가구의 색상과 바닥 타일의 모양에 집중했습니다. 이 건물은 미국식 식당이면서 카페인 다이너입니다.

예제 01 **레트로 + 화려한 체크무늬**

마치 패스트푸드점처럼 화려한 다이너를 만들어 보고 싶어서 turquoise seats and checkered flooring이라고 입력해서 터키색의 좌석과 체크무늬 바닥으로 공간을 채웠습니다.

예제 프롬프트	the diner has turquoise seats and checkered flooring, in the style of light turquoise and beige, retro pop, striped arrangements, vintage diner, piles/stacks, natural lighting --ar 2:3
응용 프롬프트	[공간의 용도] has [공간에서 면적이 가장 큰 부분 묘사], in the style of [색상], [테마], striped arrangements, piles/stacks, natural lighting --ar 2:3

예제 02 **모던 + 편안한 공간**

레트로 느낌으로 화려하게 장식했던 다이너와는 달리 편하게 대화를 나눌 수 있는 부드러운 이미지의 다이너로도 연출해 보세요. 따뜻한 느낌이 드는 아이보리, 베이지 톤을 키워드로 활용하면 아늑함까지 전달할 수 있답니다.

예제 프롬프트	the diner has ivory seats and striped flooring, in the style of light ivory and beige, modern, striped arrangements, vintage diner, piles/stacks, natural lighting --ar 2:3

하면 된다! ﹜ 내부로 들어오는 빛 조정하기

다음의 두 이미지는 부엌이라는 장소는 같지만 촬영한 시간대가 다릅니다. 인테리어 잡지를 보면 어떤 사진은 아침 햇살이 공간 가득히 전해져 오는 느낌으로 따스하게 연출하고, 또 어떤 사진은 달빛이나 조명 등으로 내부를 비춰 몽환적인 밤의 분위기를 조성하기도 합니다.

예제 01 자연광

창문으로 자연광이 들어오는 연출을 표현하기 위해 아침의 자연광 키워드로 natural morning light through the window를 사용했습니다.

예제 프롬프트	interior design photo, 1950s era style kitchen in American house, natural morning light through the window, shot on ultra high resolution digital camera, natural --ar 3:2
응용 프롬프트	interior design photo, 1950s era style kitchen in American house, [빛의 종류], shot on ultra high resolution digital camera, natural --ar 3:2

예제 02 달빛과 실내 조명

저녁에 달빛이 살짝 비치는 부엌을 표현하기 위해 키워드로 natural moonlight through the window를 사용했습니다. 부엌에서 사용하는 실내 조명 키워드까지 적어 준다면 더욱 좋습니다.

예제 프롬프트	interior design photo, 1950s era style kitchen in American house, natural moonlight through the window, shot on ultra high resolution digital camera, natural --ar 3:2

하면 된다! ⑤ 보여 주고 싶은 부분 강조하기

이번에는 하나의 공간을 만들 때 가장 신경 써야 할 부분을 집중해서 촬영하는 방법을 다뤄 보겠습니다. 예제에서는 세면대를 중심으로 촬영했습니다.

예제 01 멀리서 촬영하기

공간에서 가장 중요하게 생각하는 것을 중심으로 촬영 방식을 설정해 보세요. wide shot of basin with mirror made of clear crystal이라 입력해서 세면대의 재료(clear crystal)와 함께 어떻게 촬영해야 하는지(wide shot of) 함께 입력했습니다.

예제 프롬프트	wide shot of basin with mirror made of clear crystal, earthy, ocean style, minimalist setting, natural lighting --ar 16:9
응용 프롬프트	[촬영 방식] of basin with mirror made of clear crystal, earthy, ocean style, minimalist setting, natural lighting --ar 16:9

예제 02 근접 촬영하기

세면대를 가까이서 촬영한 듯한 이미지를 만들었습니다. 공간에서 특히 강조하고 싶은 부분이 있다면 근접 촬영 키워드를 넣어 보세요.

예제 프롬프트	Extremely close up shot basin with mirror made of clear crystal, earthy, ocean style, minimalist setting, natural lighting --ar 16:9

하면 된다! ⟩ 공간의 목적에 맞춰 설계하기

이번에는 공간의 용도를 입력하는 것만으로도 공간에 적합한 가구, 구성 등이 반영된 인테리어가 완성되는 것을 보여 드리겠습니다. 프롬프트에서 공간 이름만 변경해도 새로운 공간으로 바꿀 수 있습니다.

예제 01 침실

예제 프롬프트를 보면 bedroom with concrete walls라고 되어 있죠? 침실 (bedroom) 대신 다른 용도의 공간을 입력하면 그 용도에 맞게 이미지가 변경됩니다. 콘크리트(concrete) 대신 다른 재료를 입력하면 벽의 재료도 변경할 수 있습니다.

예제 프롬프트	shot of a spacious bedroom with concrete walls, round and organic shapes, minimal, minimalcore, bali, summer, peaceful --ar 21:9
응용 프롬프트	shot of a spacious [공간의 용도] with [주재료] walls, round and organic shapes, minimal, minimalcore, bali, summer, peaceful --ar 21:9

예제 02 현관

예제 01 과 같은 프롬프트를 사용하여 같은 건물이라고 할 수 있을 만큼 콘셉트와 분위기가 유사하지만 공간의 용도가 현관으로 바뀌면서 인테리어 구성이 완전히 달라진 것을 확인할 수 있습니다.

예제 프롬프트	shot of a spacious door and entrance hall with concrete walls, round and organic shapes, minimal, minimalcore, bali, summer, peaceful --ar 21:9

다이닝 룸

이번에는 구성원이 모여 함께 식사를 하는 다이닝 룸을 만들어 보세요. 공간의 용도로 dining room만 입력하면 됩니다.

예제 프롬프트	shot of a spacious dining room with concrete walls, round and organic shapes, minimal, minimalcore, bali, summer, peaceful --ar 21:9

예제 04 **서재**

사무 업무 또는 공부를 할 수 있는 서재 공간도 구성해 보세요.

예제 프롬프트	shot of a spacious studyroom with concrete walls, round and organic shapes, minimal, minimalcore, bali, summer, peaceful --ar 21:9

예제 05 욕실

집이라는 공간에 욕실이 빠질 수 없겠죠. bathroom 키워드를 넣어 아늑한 욕실 공간을 마련해 보세요.

예제 프롬프트	shot of a spacious bathroom with concrete walls, round and organic shapes, minimal, minimalcore, bali, summer, peaceful --ar 21:9

예제 06 놀이방

아이들이 뛰놀수 있는 놀이방을 만들어 봐도 좋아요. 교육 또는 놀이를 위한 도구들을 프롬프트에 추가로 입력하면 원하는 테마의 놀이방으로 꾸며 볼 수도 있습니다.

예제 프롬프트	shot of a spacious playroom for kids with concrete walls, round and organic shapes, minimal, minimalcore, bali, summer, peaceful --ar 21:9

내 집, 내 방 설계하기

6장에서는 공간을 만드는 프롬프트 키워드를 살펴봤습니다. 이 키워드를 프롬프트 블록에 넣어 정리한 다음, 미드저니에게 이미지를 만들어 달라고 요청해 보세요.

프롬프트 블록 1 — 살고 싶은 주거 공간 만들기

1. 전체 그림/그래픽 요소	2. 이야기(묘사)	
3. 효과	**4. 도구**	**5. 파라미터**

프롬프트 블록 2 — 나만의 방 꾸미기

1. 전체 그림/그래픽 요소	2. 이야기(묘사)	
3. 효과	**4. 도구**	**5. 파라미터**

07

실제로 찍은 듯
생생한 사진 만들기

사진 찍는 것을 좋아하나요? 요즘은 휴대폰으로도 정말 멋진 사진을 손쉽게 찍을 수 있지만, 전문 카메라를 갖고 있다면 보다 프로페셔널한 사진을 마음껏 찍을 수 있죠. 카메라 고유의 색감을 이해하고, 주변 환경과 피사체의 조합으로 만들어지는 스토리를 상상하며 촬영한 작품은 감동을 자아내는데요. 이제는 고가의 카메라를 구입하지 않아도 전문가처럼 직접 카메라와 렌즈, 조명, 주변 환경을 잘 설정하면 미드저니로도 고품질의 작품을 만들 수 있습니다.

07-1

사진을 표현할 때 고려할 5가지 키워드

카메라 애호가로 유명한 박찬욱 감독님은 라이카^{Leica} 브랜드의 카메라를 주로 사용한다고 합니다. 감독님이 촬영한 사진을 보면 라이카 특유의 색감은 물론이고, 감독님의 시선과 사진에 담긴 스토리를 깊이 있게 느낄 수 있습니다. 저 역시 필름 카메라를 좋아해서 오래된 필름 카메라 몇 종을 보유하고 있고, 필름을 브랜드별로 구입해서 이따금 촬영하고 있습니다. 사진 찍는 것을 좋아하는 분이라면 잘 아실 것 같아요. 브랜드마다 고유의 색감이 있다는 사실 말예요!

앞서 말한 것처럼 미드저니를 활용하면 고품질 사진을 찍을 수 있습니다. 이번에는 사진 같은 장면을 만드는 과정을 집중적으로 다뤄 보려고 합니다. 사진 이미지를 표현할 때 고려해야 할 점 4가지를 먼저 소개할게요.

조명/자연광 효과	카메라 각도	촬영 숏	촬영 시간대
키 조명 백라이팅 맑은 흐린	눈높이 드론 숏	클로즈업 미디엄 숏 풀 숏	새벽 해질녘 낮

이 외에 흑백 사진이나 은판 사진, X-Ray 등 특수 효과를 적용할 수도 있는데요. 원하는 분위기가 있다면 마음껏 적용해 보세요. 각 주제에 맞는 프롬프트 예제를 통해서 미드저니를 카메라로 탈바꿈시켜 보세요.

07-2

인공조명/자연광 효과

인공조명은 조명을 비추는 방향과 색감에 따라, 자연광은 날씨와 시간에 따라 다르게 표현됩니다. 프롬프트에 해당 빛 키워드를 입력하면 이미지의 전체적인 분위기를 조성하면서 피사체의 감정과 말하고자 하는 바를 쉽게 강조할 수 있습니다.

하면 된다! 〉 조명을 활용해서 피사체 강조하기

스튜디오에서 촬영할 때 실내 조명들이 눈부실 정도로 많이 설치된 것을 볼 수 있습니다. 조명이 어디를 비추냐에 따라 사진의 결과물은 분위기, 색감, 모든 면에서 엄청나게 달라집니다. 미드저니에서는 조명이 피사체의 어디를 비출지 프롬프트에 반영하는 것만으로도 극적인 효과를 줄 수 있습니다.

예제 01 키 조명 — 피사체를 비추는 주광

키 조명^{key lighting}은 피사체를 비추는 메인 조명입니다. 스튜디오에서 프로필 촬영을 하거나 특정한 하나의 피사체를 강조할 때 활용하면 좋습니다. 가령 어떠한 그래픽도 없는 스튜디오 배경지 앞에 포즈를 취하는 모델의 이미지를 생성한다면 키 조명 키워드로 studio portraiture[portrait] 또는 portrait lighting을 프롬프트에 입력하면 됩니다.

예제 프롬프트	a black and white portrait photo of a knight sitting on the floor, in the style of medieval, studio portraiture, sony alpha a7, portrait lighting, performance --ar 16:9
응용 프롬프트	a black and white portrait photo of [피사체 묘사], in the style of medieval, studio portraiture, sony alpha a7, portrait lighting, performance --ar 16:9

예제 02 백라이팅 — 피사체를 뒤에서 비추는 역광

백라이팅^{backlighting}은 피사체와 배경을 분리해서 뒤에서 직접적으로 조명을 뿌리는 방법입니다. 뒤에서 뿌려 주는 조명의 빛 덕분에 피사체의 형태는 더욱 강조되고 깊이감이 생깁니다. 이 효과로 생성되는 이미지는 드라마틱하고 입체감 있게 연출되므로 인물이 피사체라면 감정선을 표현할 때 사용하면 좋습니다.

예제 프롬프트	strong backlighting backlit, in the style of film noir, deconstructed, tailoring --ar 16:9
응용 프롬프트	[피사체 묘사], strong backlighting backlit, in the style of film noir, deconstructed, tailoring --ar 16:9

예제 03 실루엣 조명 — 윤곽을 뚜렷하게 표현

실루엣 조명^{silhouette lighting}은 자주 접하는 촬영 방식이죠? 피사체에 역광이 비칠 때 발생하며 밝은 배경에서 윤곽이 어둡지만 선명하게 표현됩니다. 드라마틱한 묘사를 하거나 신비감을 조성할 때 사용하면 좋습니다.

예제 프롬프트	golden hour, silhouette of friends jumping up on the beach for a photograph --ar 16:9
응용 프롬프트	golden hour, silhouette of [피사체 묘사] [배경 장소] for a photograph --ar 16:9

예제 04 렘브란트 조명 — 피사체의 눈, 코, 입을 강조

렘브란트 조명^{Rembrandt lighting}은 렘브란트^{Rembrandt}라는 유명한 화가의 이름을 딴 조명입니다. 피사체와 사진 전체의 느낌을 클래식하고 무겁게 연출하기에 좋습니다. 인물 피사체의 눈, 코, 입 주변을 강조하는 조명으로 얼굴 표현에 있어서 정말 좋은 효과이므로 무거운 분위기에서 인물의 얼굴을 강조할 때 사용해 주세요.

예제 프롬프트	1980s photography, Male model on the streets of Tokyo, Rembrandt Lighting --ar 16:9
응용 프롬프트	1980s photography, [피사체 묘사], [배경 장소], Rembrandt Lighting --ar 16:9

예제 05 림 라이팅 — 피사체를 빛나게 하는 후광 효과

림 라이팅^{Rim lighting}은 피사체 뒤에서 강한 조명을 주는 것으로, 피사체의 위쪽 또는 측면 모서리를 따라 빛의 테두리(rim)를 보여 줍니다. 마치 후광과 같은 테두리를 만들어 주어 프롬프트에 따라 성스러운 효과를 표현할 수 있습니다.

예제 프롬프트	girl looking up, nostalgic and hazy, rim lighting, dark composition --ar 16:9
응용 프롬프트	[피사체 묘사], rim lighting, dark composition --ar 16:9

하면 된다! ╲ 자연광으로 일상 분위기 연출하기

자연광 효과를 활용하면 평소에 가족, 친구, 반려동물을 찍을 때처럼 자연스러운
사진을 찍을 수 있습니다. 인공 조명이 극적인 느낌을 준다면 자연광은 일상 그대
로를 담을 수 있죠. 맑은 하늘부터 안개 낀 하늘까지 자연광 키워드를 활용해서 다
양한 날씨와 분위기를 담아 보세요.

예제 01 햇살이 내리쬐는 장면

자연광 하면 쉽게 떠오르는 이미지이죠? 햇빛으로 피사체의 아름다움과 건강함을
표현하고, 피사체가 물체라면 긍정적인 의미를 더해 줍니다. 햇빛 키워드 sunny는
자연이 배경이거나 야외 스포츠를 하는 장면에 매우 잘 어울립니다.

예제 프롬프트	photo of a girl running on the beach, fujifilm film camera, sunny --ar 16:9
응용 프롬프트	photo of [피사체 묘사], fujifilm film camera, sunny --ar 16:9

눈이 내린 장면

겨울의 눈은 낮은 온도에 내리는 자연 현상인데도 왜 이렇게 따뜻한 느낌을 줄까요? 로맨틱한 분위기와 아늑함을 연출할 때 snow 키워드를 넣어 눈에서 반사되는 빛이나 공중에 퍼지는 눈을 표현해 보세요.

예제 프롬프트	photo of a puppy playing, snow filling the air --ar 16:9
응용 프롬프트	photo of [피사체 묘사], snow filling the air --ar 16:9

예제 03 **구름이 뒤덮인, 흐린 장면**

오버캐스트(overcast)는 흐린 날을 표현할 때 사용합니다. 흐린 날에 드리우는 어두운 빛과 함께하는 피사체는 왠지 모르게 신비로우면서 사색적인 느낌을 자아냅니다. 고급스러운 이미지도 만들 수 있으니 이 효과도 잊지 마세요!

예제 프롬프트	beautiful blonde model passing by in the park, hasselblad, overcast --ar 16:9
응용 프롬프트	[피사체 묘사] [배경 장소], hasselblad, overcast --ar 16:9

다양한 날씨 키워드를 활용해 보세요!

흐린 장면을 표현할 때 오버캐스트(overcast) 외에도 다양한 키워드를 사용할 수 있습니다. 살짝 안개가 낀 흐릿하고 몽환적인 느낌을 더하려면 헤이지(hazy)를, 공포, 미스터리, 스릴러 등의 장르에 사용하기 위해 몽글거리는 안개 현상에 집중된 이미지를 만들고 싶다면 포기(foggy)를 입력해 보세요.

hazy를 입력한 경우

foggy를 입력한 경우

07-3

카메라 각도/촬영 숏

하루 종일 카메라를 들고 있는 사진 작가들은 손 끝 감각으로 피사체를 촬영합니다. 실제 카메라를 들고 그들을 따라 하는 것은 어렵지만 미드저니를 활용하면 우리도 카메라를 자유자재로 다룰 수 있습니다. 카메라를 들고 촬영하는 각도와 촬영 숏을 다양하게 다뤄 보겠습니다.

하면 된다! ⟩ 다양한 각도에서 피사체 촬영하기

미드저니에서 카메라 각도는 이야기와 직결됩니다. 인물 간의 대화는 물론 한 사람의 감정선, 시선 처리 등 어디를 바라보고 있고, 눈은 어디로 향하며, 어디에서부터 이야기가 시작되는지를 표현할 수 있는 것은 카메라 각도 덕분인데요. 개인 작업에서도 카메라 각도 프롬프트를 매우 중요하게 생각하면서 연출하고 있답니다. 다양한 카메라 각도를 활용해서 이미지 속의 이야기를 연출해 봅시다.

예제 01 눈높이 촬영

마치 우리가 이미지 속의 인물을 눈높이에서 바라보는 듯한 각도입니다. 피사체의 눈높이를 다양한 곳(left/right side view, front view 등)으로 돌리며 시선 처리를 변경할 수 있습니다. 기본 키워드는 eye level shot입니다.

예제 프롬프트	futuristic editorial photography, eye level shot, photo of an astronaut, shot on Sony a7 --ar 21:10
응용 프롬프트	futuristic editorial photography, eye level shot, photo of [촬영 대상], shot on Sony a7 --ar 21:10

예제 02 시선 아래쪽에서 촬영

턱 아래에 렌즈를 위치시킨 다음 피사체가 어디를 바라보고 있는지 촬영합니다. 아래쪽에서 위쪽을 향해 촬영하는 방식으로, 시각적 흥미를 더하는 연출을 할 수 있습니다. low camera angle 또는 shot from below 키워드를 사용하면 됩니다.

예제 프롬프트	low-angle view of a smiling 4-year-old girl. shot on leica monochrome --ar 16:9
응용 프롬프트	low-angle view of [촬영 대상]. shot on leica monochrome --ar 16:9

위에서 아래로 내려다보는 각도

피사체를 살짝 내려다보며 촬영하는 high camera angle 키워드는 표정이나 감정을 부각하거나, 강렬한 감정선을 연출할 때 매우 큰 도움이 됩니다.

예제 프롬프트	High-angle photo from above of a crying boy, shot on hasselblad --ar 16:9
응용 프롬프트	High-angle photo from above of [촬영 대상], shot on hasselblad --ar 16:9

멀리서 전경을 바라보는 각도

드론 숏(drone shot)은 평소에는 볼 수 없는 시선에서 바라볼 수 있는 촬영 방법이

죠. 드론이 있더라도 촬영 구역이 정해져 있어서 실제 드론 촬영도 절차나 방식이 어렵다고 하더라고요. 하지만 미드저니와 함께라면 드론으로 어디든 촬영할 수 있습니다.

예제 프롬프트	Drone shot photograph of hawaii, shot on Lomography Color Negative 800 --ar 16:9
응용 프롬프트	Drone shot photograph of [촬영 대상] shot on Lomography Color Negative 800 --ar 16:9

상상하지도 못한 각도로 촬영해 보세요!

드론 촬영을 하는 것처럼 우리 시선에서 볼 수 없는 각도로 장면을 촬영할 수 있습니다. 새의 시선으로 촬영(bird eye angle)할 수도 있고, 더 높은 인공위성의 위치에서 촬영 (shooting from satellite)할 수도 있습니다.

bird eye angle로 촬영한 경우

shooting from a satellite로 촬영한 경우

예제 05 뒷모습 촬영

뒷모습을 촬영하는 기법인 back angle[view]은 피사체와 배경의 상호 작용을 중심으로 촬영합니다. 그 둘 사이의 스토리를 만들어 주죠. 야외 촬영의 경우 피사체의 현 위치를 묘사하고, 실내 촬영의 경우에는 사면이 막힌 공간 안에서 피사체가 조우한 어떤 사건을 강조해 줍니다.

예제 프롬프트	back view of man is walking at Hongkong, shot on Agfa Vista film, night with neon side lighting --ar 16:9
응용 프롬프트	back view of [촬영 대상] [배경 장소], shot on Agfa Vista film, night with neon side lighting --ar 16:9

하면 된다! ⟩ 카메라 줌 인 – 줌 아웃 하기

인물을 촬영하는 방법에는 전신 촬영부터 상반신 촬영, 얼굴을 중심으로 가까이서 찍는 근접 촬영 등이 있습니다. 피사체를 가까이서 찍을 수도 있고 멀리서 찍을 수도 있는 것이죠. 클로즈업 숏부터 풀 숏까지 다양한 촬영 숏 기법을 살펴보겠습니다.

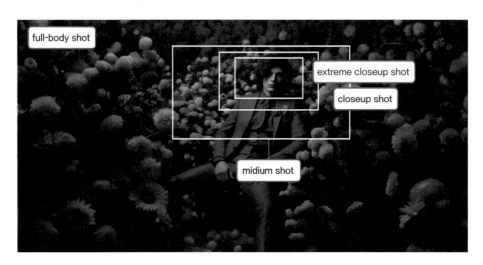

예제 01 클로즈업 숏

클로즈업 숏(close up shot)을 찍으면 피사체의 표정이 두드러지면서 감정선을 포착할 수 있습니다. 그리고 클로즈업하는 특정 부분의 복장/악세사리 등을 강조할 때도 사용합니다. 피사체를 향한 몰입감은 물론이고 스토리 속으로 빨려 들어가는 듯 피사체와의 연결감까지도 느낄 수 있습니다.

▶ 해당 부분만 온전히 보여 줄 때는 extreme close up 키워드를 사용합니다.

예제 프롬프트	closeup shot of a classy 1980s tokyo girl, in the style of 1980s fashion, shot on olympus pen, natural lighting --ar 4:3
응용 프롬프트	closeup shot of [촬영 대상], in the style of [스타일], shot on olympus pen, natural lighting --ar 4:3

예제 02 미디엄 숏

미디엄 숏(medium shot)은 머리부터 가슴까지 상반신 전체를 담는 화면으로, 주변 환경을 함께 연출합니다. 자연스러운 인물 사진이나 패션, 초상화 등의 이미지를 생성할 때 활용합니다.

예제 프롬프트	medium shot of greek sculptrue at a museum, shot on hasselbald --ar 4:3
응용 프롬프트	medium shot of [촬영 대상] [배경 장소] shot on hasselbald --ar 4:3

예제 03 풀 숏

풀 숏(full-body shot)은 전신 촬영으로, 피사체 존재를 강조하면서도 배경과 어우러지는 원근감 효과도 연출할 수 있습니다. 전신을 촬영하다 보니 피사체의 전체 크기, 위치 등을 알 수 있습니다.

▶ 배경과 피사체를 함께 사용하는 것만으로도 웅장한 스케일을 연출하는 이미지를 생성할 때 효과적입니다.

예제 프롬프트	full body shot of an alien standing in Antarctica, cold morning lighting, shot on Fujifilm Neopan Across 100 --ar 16:9
응용 프롬프트	full body shot of [촬영 대상] [배경 장소], [빛 연출], shot on Fujifilm Neopan Across 100 --ar 16:9

07-4

촬영 시간대

하면 된다! ⟩ 시간대별 빛의 움직임 살펴보기

해의 움직임에 따라 다양한 빛의 효과를 볼 수 있습니다. 해가 막 떠오르는 시간, 세상이 온통 황금빛의 태양으로 물든 시간, 해질녘까지 생성하는 이미지에 스토리를 입히면서 빛을 연출해 보세요.

예제 01 해가 막 떠오른 시간

숲에서 달리고 있는 인물을 표현해 보았습니다. 해가 막 떠오른 새벽녘 분위기를 연출하기 위해 sunrise 키워드를 사용했어요.

예제 프롬프트	Runner Running in the Forest, shot on agfa vista plus film, sunrise --ar 16:9
응용 프롬프트	[촬영 대상] [배경 장소], shot on agfa vista plus film, sunrise --ar 16:9

예제 02 햇살이 쨍쨍 내리쬐는 시간

숲을 가로질러 가는 흰색 가운의 정체를 촬영한 이미지를 만들어 보았습니다. 여기서는 햇살이 내리쬐는 것을 연출하기 위해 sunlight streaming 키워드를 활용했습니다.

예제 프롬프트	editorial photography ghost in white gown walking through forest, sunlight streaming, sony a7 --ar 16:9
응용 프롬프트	editorial photography [촬영 대상] [배경 장소], sunlight streaming, sony a7 --ar 16:9

예제 03 노을이 지는 해질녘

마치 유럽을 배경으로 하는 영화의 한 장면 같지 않나요? 하늘이 어둑어둑해지고 노을빛이 살짝 보이는 저녁 시간대의 이미지도 만들어 보세요.

예제 프롬프트	editorial photography, a Classic car driving slowly through town at dusk, hasselblad --ar 16:9
응용 프롬프트	editorial photography, [촬영 대상] [배경 장소] at dusk, hasselblad --ar 16:9

다양한 시간대 키워드를 활용해 보세요!

노을이 지는 해질녘 키워드로 dusk를 사용해도 되지만, golden hour lighting 키워드를 입력해도 비슷한 결과물이 나옵니다. 이 외에도 다양한 시간대 키워드를 넣어 연출하고자 하는 분위기를 이끌어내 보세요.

golden hour lighting을 입력한 경우

07-5

기타 촬영 효과

하면 된다! ﹜ 사진에 특수 효과 표현하기

다양한 카메라 효과 중에서도 오래된 느낌을 표현할 수 있는 레트로 카메라와 특수
필름 카메라 키워드를 사용해 보겠습니다.

예제 01 **코닥의 흑백 사진 전용 필름, Tri-X**

트라이 엑스$^{Tri-X}$는 1940년경 코닥^{Kodak}에서 만든 최초의 흑백 사진 전용 필름 중 하
나입니다. 프롬프트에 Tri-X를 활용하면 오래된 흑백 필름으로 촬영한 효과를 볼
수 있습니다.

예제 프롬프트	Award-winning photography, An upper body portrait of a 80 years old mad scientist, Crazy Laugh, holding a flower, Shot on Tri X --ar 16:9
응용 프롬프트	Award-winning photography, An upper body portrait of [피사체 묘사], Shot on Tri X --ar 16:9

예제 02 흑백 사진

필름 명칭을 잘 모른다고요? 괜찮습니다. 굳이 Tri-X와 같은 흑백 필름 명칭을 입력하지 않고, Black and White(B&W)로 촬영한 사진이라고만 입력해도 충분히 훌륭한 흑백 사진을 생성할 수 있습니다.

예제 프롬프트	b&w photography, close up of a beautiful young woman, stunning, delicacy, shot on hasselblad, realistic skin, global illumination, natural features --ar 16:9
응용 프롬프트	b&w photography, close up of [피사체 묘사], stunning, delicacy, shot on hasselblad, realistic skin, global illumination, natural features --ar 16:9

예제 03   은판 사진 — 다게레오타입

다게레오타입^{daguerreotype}은 1839년 프랑스의 루이 다게르^{Louis Daguerre}가 발명한 초기의 사진술 중 하나입니다. 깨끗하게 잘 닦인 은판 표면에 포지티브 이미지를 만들어 내는 방식으로, 은판 사진이라고도 불립니다. 프롬프트에 daguerreotype을 함께 사용하면 예제 사진과 같이 1800년대에 촬영한 듯 오래된 향기가 나는 사진을 생성할 수 있습니다.

예제 프롬프트	photo of a 19th century female fashion model, shot on Daguerreotype plate --ar 16:9
응용 프롬프트	photo of a 19th century [피사체 묘사], shot on Daguerreotype plate --ar 16:9

예제 04   적외선 사진

적외선 사진 키워드 infrared는 흑백과 컬러 사진 중간에서 붉은색이 강조되는 이미지를 생성합니다. 미적인 부분을 강조하고 싶거나 특수한 사진을 연출하고 싶을 때 적외선 사진을 이용해 보세요.

예제 프롬프트	boy student eating ice cream at an amusement park, wearing a school uniform, shot on infrared --ar 16:9
응용 프롬프트	[피사체 묘사] [배경 장소], shot on infrared --ar 16:9

예제 05 X-ray

다음의 예제 이미지는 로봇 팔의 내부 구조를 X-ray로 촬영한 것처럼 연출했습니다. 이처럼 X-ray 키워드를 활용하면 X선 효과를 입힌 이미지를 생성할 수 있습니다.

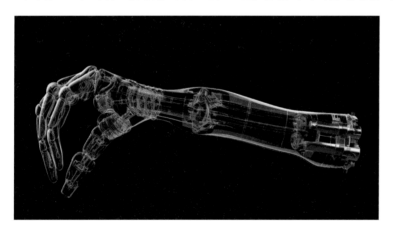

예제 프롬프트	Take ultra-realistic X-rays, The robot's arm as seen in an X-ray, background is black --ar 16:9
응용 프롬프트	Take ultra-realistic X-rays, [피사체] as seen in an X-ray, background is black --ar 16:9

사진작가가 되어 촬영하기

7장에서는 촬영 기법 키워드를 활용해서 사진을 만드는 방법을 살펴봤습니다. 이 키워드를 프롬프트 블록에 넣어 정리한 다음, 미드저니에게 이미지를 만들어 달라고 요청해 보세요.

프롬프트 블록 1 — 노을이 지고 있는 바닷가 촬영하기

1. 전체 그림/그래픽 요소	2. 이야기(묘사)	
3. 효과	4. 도구	5. 파라미터

프롬프트 블록 2 — 모델 흑백 화보 촬영하기

1. 전체 그림/그래픽 요소	2. 이야기(묘사)	
3. 효과	4. 도구	5. 파라미터

한 걸음 더 나만의 스타일을 만드는 /tune

2023년 11월 미드저니에 스타일 튠(Style Tune) 기능이 추가되었습니다. 이 기능의 주요 목적은 나만의 스타일을 만들고, 일관된 스타일로 이미지를 제작하는 것입니다. 그리고 일반적인 프롬프트로 작업하기 어렵거나 AI의 힘이 조금 더 들어간 특별한 이미지도 아주 쉽게 제작할 수 있습니다.

스타일 튠 기능을 사용하기 위한 준비물은 만들고자 하는 이미지를 생성할 수 있는 프롬프트와 특별한 스타일을 선택하는 힘입니다. 아무리 창의적인 이미지가 나온다고 해도 조합에 따라 의도와는 전혀 다른 방향으로 생성될 수 있거든요. 우선 어떤 방식으로 작업하는지 차근차근 알아볼까요?

01 디스코드의 미드저니 채널에 접속합니다.

프롬프트 입력 창에 /tune을 입력하고 [Enter]를 눌러 기능을 활성화합니다. 이어서 내가 만들고 싶은 스타일이나 이미지에 대한 프롬프트를 적고 [Enter]를 누릅니다.

02 옵션을 선택하고 [Submit]을 클릭합니다.

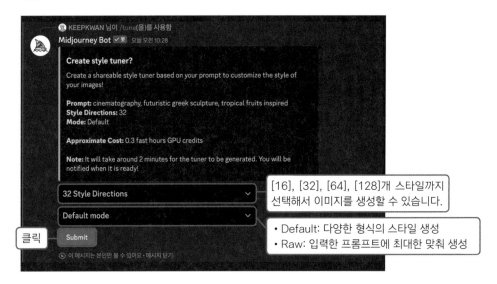

03 다음과 같이 옵션을 다시 한번 확인하는 문구가 출력됩니다. [Are you sure?]를 클릭하세요.

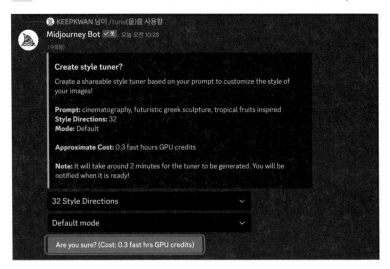

이는 선택한 스타일 수마다 소모하는 GPU 시간이 다르기 때문인데요. GPU를 소모하는 시간과 비례하여 크레딧을 소모하므로 신중하게 결정해야 합니다. 스타일 수 옵션에 따라 소모되는 GPU 시간은 다음과 같습니다.

스타일 수	소모 GPU 시간
16 Style Directions	0.15 hrs GPU Credits
32 Style Directions	0.3 hrs GPU Credits
64 Style Directions	0.6 hrs GPU Credits
128 Style Directions	1.2 hrs GPU Credits

04 시간이 조금 흐른 뒤에 이미지 생성을 완료했다는 메시지가 출력되면서 스타일을 확인할 수 있는 링크가 나타납니다. 링크에 접속하면 생성된 스타일을 확인할 수 있습니다.

05 화면보기는 블록 전체 보기로 나열할 수도 있고, 양자택일형으로 볼 수도 있습니다. 여기서는 양자택일형인 [Compare two styles at a time]을 선택하겠습니다.

06 생성된 이미지 가운데 마음에 드는 것을 선택합니다. 스타일 선택을 완료하면 기존 작성한 프롬프트 뒤에 --style [스타일 코드]가 생성됩니다. 복사 아이콘을 클릭해 전체 프롬프트를 복사합니다.

▶ 미드저니는 5개 이상을 선택할 것을 권장하지만 1개만 선택해도 되고 여러 개를 선택해도 됩니다.

선택된 스타일의 수가 기록됩니다.

클릭

07 다시 디스코드로 돌아가 프롬프트 입력 창에 입력하면 선택한 스타일로 제작된 새로운 이미지와 만날 수 있습니다.

08 생성한 --style [스타일 코드]를 다른 프롬프트와 섞어서 사용하면 동일한 스타일로 적용되어 일관된 이미지를 생성할 수 있습니다.

07 에서 만든 이미지와 비슷한 느낌으로 그려집니다!

/tune 기능으로 나만의 스타일, 어디에서도 볼 수 없는 이미지, 일관된 이미지를 생성해 보세요. 한 걸음 더 나아간 창작품과 만날 수 있습니다.

08 뇌를 자극하는 창의적 작품 만들기

이번 장에서는 국가별 애니메이션 특징을 프롬프트에 적용하거나 특정 스타일의 작화를 적용해 볼 거예요. 영화 장면 한 컷을 연출하기 위해 장르, 카메라 각도뿐 아니라 해상도도 신경 써서 프롬프트를 작성합니다. 이 외에도 음식을 표현하거나 예술 분야에서 사용할 수 있는 다양한 콘텐츠까지 함께 만들어 보겠습니다.

08-1

애니메이션 작화

하면 된다! ⟩ **애니메이션 작화 따라 하기**

구글이나 핀터레스트^{Pinterest}에서 '코믹스'라고 검색하면 미국이나 유럽에서 사랑받는 다양한 만화가 표시됩니다. 일본 만화와는 달리 그림체와 색감이 다소 무겁고 강렬한 편인데요. 십여 년간 영화화되어 온 마블과 DC도 코믹스로부터 시작됐습니다. 이렇게 애니메이션의 그림체는 작가나 스튜디오별로도 상이하지만 어느 나라의 것인지에 따라서도 차이가 납니다. 만들고 싶은 작화 스타일의 키워드를 넣어 이미지를 만들어 보겠습니다.

구글에서 코믹스를 검색한 화면

예제 01 미국/유럽의 코믹스 풍

미드저니로 코믹스 풍의 이미지를 만들 때는 앞서 검색 키워드로 소개한 comics, comic book 등을 프롬프트에 사용해 보세요. 다음 예제 이미지와 같이 서양식 만화가 생성됩니다. 예제 프롬프트의 디테일을 한층 더 높이려면 생성되는 이미지 안에서 벌어지는 장면 묘사와 함께 해당 작화 스타일의 연도, 작업 방식에 해당하는 펜 굵기나 획의 빠르기 등을 프롬프트에 입력해 주세요.

예제 프롬프트	comic cover, a woman is walking through desert in front of bizarre tower, in the style of 1990s comics, speedpainting, red and bronze colors, primitive structures --ar 16:9
응용 프롬프트	comic cover, [장면 묘사], in the style of [작화 연대], [작업 방식], [색상], primitive structures --ar 16:9

예제 02 동화 스타일의 작화

예제 이미지는 산타클로스의 마을을 보여 줍니다. 여기서 주목할 키워드는 breathtaking shot, magical, stunning, fairytale dreamlike light입니다. --niji 파라미터를 도와 이미지의 품질을 업그레이드하는 키워드이죠.

예제 프롬프트	breathtaking shot of Santa Claus's village in the winter forest, magical, stunning, intricately detailed, unreal engine, octane render, fairytale dreamlike lighting --ar 16:9 --style expressive --niji 5
응용 프롬프트	breathtaking shot of [인물/풍경], magical, stunning, intricately detailed, unreal engine, octane render, fairytale dreamlike light --ar 16:9 --style expressive --niji 5

niji 파라미터와 함께 사용하면 좋은 키워드

02-4절에서 애니메이션, 만화 풍의 그림을 그릴 때 사용하는 파라미터 --niji를 알아봤는데요. 이번 예제 프롬프트에서 볼 수 있었던 niji 파라미터와 함께 사용했을 때 작화 디테일을 한껏 끌어올리는 키워드를 소개합니다.

- breathtaking shot: 숨이 멎을 정도로 멋진 장면을 연출할 때 사용합니다. 애니메이션 작화뿐 아니라, 사진, 영화 장면 등에 사용해도 좋습니다.
- magical: 산타클로스와 같은 동화적인 요소를 사용할 때 함께 사용하면 마법 같고 신비로운 분위기를 연출할 수 있습니다.
- stunning: 건축물을 생성할 때도 사용한 stunning은 말 그대로 멋지게 만드는 것에 집중하는 키워드입니다.
- fairytale dreamlike lighting: 동화적이고 몽환적인 분위기를 연출하는 빛 효과입니다.

예제 03 **3D 일러스트**

3D 입체감이 강조된 일러스트입니다. 입체감이 느껴지는 주인공의 형상이 꽤나 매력적이죠? 3D 일러스트를 만들 때는 실제 3D 일러스트를 작업하는 도구와 그 도구에서 사용하는 용어를 프롬프트에 사용하면 좋습니다. 또는 shallow depth of field(얕은 피사계의 심도)를 입력해도 되는데, 초점이 맞는 피사체와 배경 간의 선명도 대비를 통해 피사체에 집중되는 효과를 주고 입체감을 더 깊게 표현할 수 있습니다.

예제 프롬프트	3D illustration of 5 years old girl surrounded by blooming flowers, whimsical style, pastel colors, shallow depth of field --ar 16:9 --niji 5
응용 프롬프트	3D illustration of [장면/인물 묘사], whimsical style, pastel colors, shallow depth of field --ar 16:9 --niji 5

예제 04 **미래 도시형 애니메이션**

미래 도시에 등장하는 캐릭터는 우리가 현실에서 상상해 보지 못한 스타일인 경우가 많습니다. 새로운 캐릭터를 만들 때는 캐릭터의 외형 중 복장에 대해서 다양하게 묘사하는 것을 많이 연습해 보세요. 말도 안 되는 형태의 복장도 좋고, 도저히 옷을 만들 수 없는 재료로 패션 아이템을 만들어도 좋아요.

예제 프롬프트	a super handsome boy with futuristic-gothic gas mask, beautiful face, wearing black clothes, casual sportwear jacket, futuristic, popmart blind box, 3d render, blender, octane rendering, pastel color, solid color background, 8k --ar 4:3 --niji 5 --style expressive
응용 프롬프트	[구체적인 캐릭터 묘사], popmart blind box, 3d render, blender, octane rendering, pastel color, solid color background, 8k --ar 4:3 --niji 5 --style expressive

08-2

시네마틱 장면 요소

영화 장면을 만드는 것은 사진을 생성할 때와 비슷합니다. 영화 스타일의 이미지를 만들고 싶다면 촬영하는 카메라와 필름을 키워드에 사용해 보세요. 어떤 카메라와 필름을 사용할 건지, 해당 장면을 연출하기 위한 빛 효과는 무엇이 좋을지 정확하게 짚어 주는 것이 중요합니다. 영화 장면을 생성할 때 촬영 기법을 가장 쉽게 떠올릴 수 있는 방법은 영화관에 갔을 때의 경험을 떠올리는 것입니다.

하면 된다! } 이미지의 비율을 결정짓는 해상도

일반 영화관과 아이맥스 영화관에서 스크린 크기와 해상도의 차이를 느낀 적이 있나요? 그리고 옛날 영화와 요즘 개봉하는 영화 사이에도 해상도 차이가 있습니다. 저는 특히 좋은 카메라를 활용한 영화 장면을 연출할 때 해상도로 16:9, 21:9, 21:10을 주로 사용합니다. 해상도에 따라서도 느낌이 많이 다르니 꼭 해상도를 다르게 바꿔 가면서 작업해 보세요.

예제 01 21:10

영화는 물론 모바일의 가로 모드에 맞는 이미지를 만들 때 자주 사용하는 해상도입니다.

예제 프롬프트	cinematic, photograph of a car's neon underlights glowing with neon minimalism against a dark urban street, brooklyn --ar 21:10
응용 프롬프트	cinematic, photograph of a car's neon underlights glowing with neon minimalism against a dark urban street, brooklyn --ar [해상도]

예제 02 4:3

2000년대 초반 TV가 공급된 지 얼마 되지 않았을 때만 해도 디스플레이의 해상도는 4:3의 비율을 가지고 있었습니다. 당시의 감성을 살리고 싶다면 해상도 파라미터 값으로 4:3을 입력해 보세요.

예제 프롬프트	cinematic, photograph of a car's neon underlights glowing with neon minimalism against a dark urban street, brooklyn --ar 4:3

하면 된다! } 영화의 한 장면 연출하기

영화는 수많은 장면의 연속으로 만들어집니다. 그중 하나의 장면을 미드저니로 만들어 볼 거예요. 스틸 컷 이미지를 연출할 수도 있고 장르와 카메라 각도를 고려해 특정 장면을 만들 수도 있습니다.

예제 01　스틸 컷 이미지

스틸 컷^{still cut}은 보통 홍보 또는 기념을 목적으로 영화의 필름 가운데 한 컷만 골라 내어 현상한 사진입니다. 프롬프트의 말머리에 movie still cut이라고 입력하면 영화 속 한 장면을 골라 내어 현상한 것처럼 멋진 이미지를 생성할 수 있습니다.

예제 프롬프트	movie still cut, exterior of a house in middle age, medieval style, dirt, minimalist, earthy tones --ar 16:9
응용 프롬프트	movie still cut, [영화의 한 장면], minimalist, [전체 색감] tones --ar 16:9

예제 02　공포 장르

영화의 장르도 훌륭한 프롬프트가 될 수 있습니다. 연출하고자 하는 영화 장면의 장르를 프롬프트에 입력해 보세요. 그리고 해당 장르 특유의 분위기를 연출하는 요소도 함께 입력하세요. 예제 이미지와 같이 공포, 스릴러 장르라면 그에 맞는 환경 요소인 두껍게 덮인 안개, 안개를 붉게 물들이는 네온 등을 프롬프트에 담으면 됩니다.

예제 프롬프트	cinematic, a beautiful Woman standing next to a car, horror and thriller, thick fog, neon, forestpunk, filmed by IMAX camera --ar 21:10
응용 프롬프트	cinematic, [장면], [장르/연출 요소], filmed by IMAX camera --ar 21:10

예제 03 위로 올려다보는 구도

인물의 격정적인 감정과 해당 장면의 분위기를 연출할 때는 카메라 각도를 잘 다룰
줄 알아야 합니다. 예제 이미지는 아래쪽에서 올려다보는 방향으로 카메라 각도를
잡고, 세찬 비바람과 번개가 치는 숲속을 배경으로 삼아 디테일을 더했습니다.
프롬프트로 스토리를 연출하려면 미드저니라는 카메라를 어디에서 들고 찍을지,
인물이 어떤 모습을 하면 좋을지, 배경의 분위기는 스토리와 잘 어울리는지 등 영
화감독의 시선으로 바라볼 줄 알아야 합니다. 프롬프트에 과감하게 개입해 봅시다.

예제 프롬프트	cinematic, shot from below, High Contrast Monochrome, Cold Blue Coloring, thriller film, old woman in raincoat, forest in a rainstorm, rainy, Stormy with lightning --ar 16:9
응용 프롬프트	cinematic, [카메라 각도], High Contrast Monochrome, Cold Blue Coloring, thriller film, [장면], [장면 연출을 위한 자연 현상/조명] --ar 16:9

--niji 6로 몽환적인 분위기를 연출해 보세요!

--niji 파라미터는 애니메이션 캐릭터나 배경 미술에도 충분히 좋은 역할을 하지만, 버전6로 업데이트되면서 부드러운 색감과 몽환적인 감성을 더욱 잘 연출하게 되었습니다. 특히 카메라 기종명을 함께 사용한다면 정말 아름다운 이미지를 연출할 수 있습니다. 인물과 배경 두 가지의 이미지를 예시로 들어 보겠습니다.

1. 인물
필름 카메라로 촬영한 듯한 소년의 이미지를 생성했습니다. 필름 카메라로 넣은 필름 종류는 Fujicolor C200으로, 소년을 몽환적인 콘셉트로 담으면서 근접 촬영했습니다. 전체적으로 부드러운 피부 톤으로 정리했고, 출력되는 이미지가 마치 다큐멘터리 사진처럼 나오게끔 연출했습니다.

예제 프롬프트	Fujicolor C200 film still. Dreamy closeup of a boy in the blue sky. Soft natural skin tones. Bright diffused light. In the style of documentary photography --ar 16:9 --niji 6

2. 배경
후지 필름 특유의 푸르스름한 색감으로 배경을 생성했습니다. 인물을 생성한 프롬프트에서 closeup of a boy만 건물에 관한 키워드 dreamy architecture로 수정하여 동일한 색감의 배경 이미지를 생성했습니다.

예제 프롬프트	Fujicolor C200 film still. Dreamy exterior architecture, home sweet home, in the blue sky. Soft natural skin tones. Bright diffused light. In the style of documentary photography --ar 16:9 --niji 6

이처럼 --niji 6 파라미터를 사용하면 애니메이션뿐만 아니라 부드러운 색감의 인물, 몽환적인 느낌의 배경을 연출하는 등 실사 느낌의 이미지를 아름답게 표현할 수 있습니다.

08-3

음식을 강조하는 요소

음식 이미지를 만들고 싶을 때는 다음 순서로 생각해 보세요.

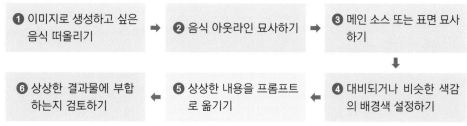

음식 표현 과정 6단계

하면 된다! › 음식 형태 표현하기

카메라로 음식 사진을 찍을 때 어떤 부분에 가장 신경을 쓰나요? 먹음직스러워 보여야 하는 것은 기본이고 그 음식의 맛을 상상할 수 있게끔 묘사하면 좋겠죠?
눈 앞에 음식이 있다고 상상하며 음식의 특징을 하나씩 프롬프트에 입력해 보세요.

예제 01 탕후루

나무 꼬치에 과일이 꽂혀 있고 달콤한 설탕 시럽이 발려 먹음직스러워 보이는 탕후루가 있습니다. 탕후루는 생김새는 매우 단순한데 프롬프트로 어떻게 묘사해야 할지 고민스러웠습니다. 탕후루의 이미지를 그대로 묘사해서 프롬프트에 반영했을 때 탕후루와 전혀 다른 이미지가 나왔기 때문입니다. 그래서 먼저 꼬치구이를 만들고 나서 고기 대신에 과일을 넣는 방식을 택해서 프롬프트를 작성해 보았습니다.

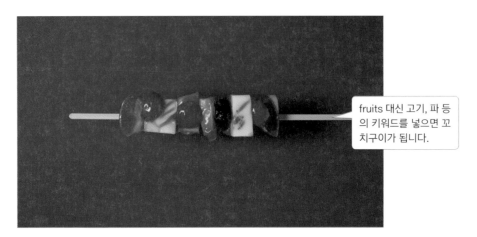

fruits 대신 고기, 파 등의 키워드를 넣으면 꼬치구이가 됩니다.

예제 프롬프트	one single wooden stick, Delicious Japanese-style fruits with Transparent and sticky sauce skewer. Horizontal top view from above, red background, realistic, real, photography, 4k, --ar 16:9
응용 프롬프트	[음식 묘사]. Horizontal top view from above, red background, realistic, real, photography, 4k, --ar 16:9

예제 02 딸기 조각 케이크

이번에는 흰색 접시 위에 있는 딸기 케이크 한 조각을 만들어 달라고 요청했습니다. 모두가 흔히 아는 형태의 음식은 특정 단어만 입력해도 손쉽게 생성할 수 있습니다.

음식을 바라보는 방향도 수직이 아닌 위쪽에서 내려다보는 방향으로 바꿔 봤어요.

예제 프롬프트	a piece of strawberry cake on a white plate. high angle photo from above, red background, realistic, real, photography, 4k, --ar 16:9
응용 프롬프트	[음식 묘사]. high angle photo from above, red background, realistic, real, photography, 4k, --ar 16:9

하면 된다! ﹥ 음식이 돋보이는 배경 표현하기

음식의 형태를 표현하는 예제에서도 적용했지만, 음식이 돋보이게 하려면 배경을 깔끔하게 표현하는 것이 좋습니다. 배경에 있는 다른 요소 때문에 음식이 묻히면 안 되니까요!

예제 01 단순한 배경

음식의 색상이 화려하다면 배경색은 연한 계열의 색이나 단색으로 연출해 보세요. 화려한 색상의 음식을 돋보이게 할 수 있습니다.

예제 프롬프트	Hands holding a Hawaiian pizza on plate, light azure background --ar 16:9
응용 프롬프트	Hands holding a Hawaiian pizza on plate, [배경색] --ar 16:9

사실감을 더하는 그림자 효과

음식이 실제로 있는 것처럼 표현할 때는 조명과 그림자 효과를 사용하세요. beautiful natural lighting and shadow는 깨끗한 자연광과 자연스러운 그림자 연출을 더해 이미지를 보다 사실적으로 생성해 줍니다.

예제 프롬프트	Product photography, one mixed berry sparkling, clean light beige background, a flat front shot, beautiful natural lighting and shadow --ar 16:9
응용 프롬프트	Product photography, [음식 묘사], clean light beige background, a flat front shot, beautiful natural lighting and shadow --ar 16:9

08-4

미니멀 디자인 아트

미드저니를 활용해서 일러스트, 라인 아트, 페이퍼 컷, 3D 아트 등 다양한 예술 작품을 만들어 보겠습니다. 표현 기법과 표현할 대상만 정확하게 입력해도 전문가 뺨치는 공예나 디자인 작품을 만들 수 있습니다. 여러분만의 키워드로 대체해서 개성 넘치는 작품을 만들어 보세요.

하면 된다! } 그래픽 이미지 만들기

캐릭터 및 로고를 디자인하거나 콘셉트 디자인을 할 때는 상징하는 무언가를 잘 묘사해야 합니다. 그리고 어떤 스타일로 만들어 달라고 키워드를 덧붙이면 됩니다.

예제 01 만화 스타일 일러스트

이번 예제는 만화 스타일의 일러스트입니다. 깔끔하게 작업해서 아이콘, 스티커, 와펜^{wappen} 등에 활용해 보세요. 만화 스타일로 만들기 위해 넣은 cartoon 대신 만들고 싶은 그래픽 키워드를 넣으면 또 다른 스타일의 미니멀 일러스트를 생성할 수 있습니다.

▶ 와펜이란 재킷의 가슴이나 모자 등에 다는 장식 따위의 부직포를 뜻합니다.

예제 프롬프트	a cartoon of the head of a dog Schnauzer with silver crown, vector illustration, minimal
응용 프롬프트	[그래픽 요소] of [캐릭터 묘사], vector illustration, minimal

예제 02 라인 아트

브랜드 로고를 작업할 때 매우 단순한 선을 활용하면 깔끔한 느낌을 줄 수 있습니다. 예제 이미지의 사자는 라인 아트^{line art} 기법으로 만든 벡터 이미지입니다. 라인 아트를 사자를 그리는 도구이자 작업 방식으로 활용한 것이죠. 로고를 그리는 펜의 색상과 배경색도 지정할 수 있습니다. line art 앞에 어떤 색상으로 선을 그릴 것인지 입력하고 background color is [색상]을 입력해서 배경색을 지정해 보세요.

예제 프롬프트	vector simplified lion for minimal logo using line art
응용 프롬프트	vector simplified [로고 내용] for minimal logo using [선 색상] line art, background color is [배경색]

예제 03 **3D 테마 공간**

공간을 입체적으로 표현하는 방법인 아
이소메트릭(isometric)은 미드저니에서
정말 재밌게 활용할 수 있는 프롬프트
키워드입니다. 공간을 한눈에 보여 주어
테마 공간을 만드는 데 유용하게 사용할
수 있습니다.

예제 프롬프트	isometric 3D room for baby, theme is dream, miniature adorable items in the table, one cradle, thick blanket, soft shadows, at night, minimal aesthetics
응용 프롬프트	isometric 3D [공간의 용도], [공간의 테마], [공간 묘사], [시간대], minimal aesthetics

예제 04 **3D 콘셉트 아트**

보통 파워포인트 발표 자료나 카드 뉴스 등 포인트를 줄 수 있는 이미지 요소가 필
요할 때 미드저니로 3D 콘셉트 아트를 만듭니다.

아무것도 없는 무중력의 공간에서 유영하는 우주인을 입체적으로 표현했습니다.

예제 프롬프트	isometric 3D space for astronaut, theme is outer space, zero gravity, astronaut suit and helmet, soft shadows, minimal aesthetics
응용 프롬프트	isometric 3D [캐릭터/콘셉트 묘사], minimal aesthetics

하면 된다! ⟩ 공예 디자인하기

손으로 직접 만드는 공예 디자인은 처음에 아이디어를 정리하기까지 많은 시간을
들여야 하는데요. 미드저니로 완성 시안을 확인하고 그것에 맞춰 작업을 하면 보다
정리된 결과물을 만들 수 있습니다.

예제 01 종이접기

오리가미(origami, 折り紙)는 일본어로 '종이접기'라는 뜻입니다. 어떤 이미지든 종이
접기로 표현할 수 있고, "이런 것도 만들 수 있을까?" 하는 것도 모두 가능합니다.

예제 프롬프트	photography, an origami pirate ship fighting with an origami giant octopus, realism paper texture, studio lighting, background color is black --ar 16:9
응용 프롬프트	photography, origami [종이접기로 표현할 대상], realism paper texture, studio lighting, background color is black --ar 16:9

예제 02 페이퍼 컷

페이퍼 컷papercut은 종이를 가위나 칼, 손으로 오려 가면서 작품을 만드는 작업 방식
입니다. 앙리 마티스Henri Matisse도 페이퍼 컷 작업으로 정말 아름다운 작품을 만들었
습니다. 프롬프트를 a papercut illustration of로 시작하고, 뒤에는 페이퍼 컷으로
만들 이야기를 적어 보세요. 어떤 색의 종이로 만들지도 적는 것이 좋겠죠?

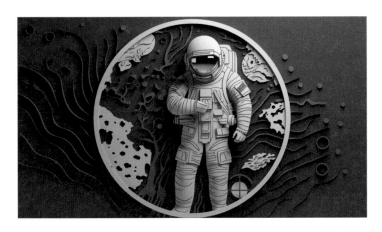

예제 프롬프트	A papercut illustration of an astronaut and earth, in colors grey navy and white --ar 16:9
응용 프롬프트	A papercut illustration of [페이퍼 컷으로 표현할 대상], in colors [종이 색상] --ar 16:9

하면 된다! ╞ 연필/볼펜으로 그리는 라인 아트

이번에는 손으로 직접 그린 듯한 라인 아트 이미지를 만들어 보겠습니다. 다양한 그림 도구 가운데 연필과 볼펜을 사용해서 그려 보겠습니다.

예제 01 연필로 그린 라인 아트

프롬프트의 첫마디를 보면 very simple and minimal pencil single line art라고 되어 있는데, 단순히 연필을 사용하는 것이 아니라 아주 심플하고 미니멀하게 그리도록 했습니다. 이처럼 미드저니가 어떤 도구를 '어떻게' 사용해야 할지 입력해 주세요.

예제 프롬프트	very simple and minimal pencil single line art of a boy astronaut, sharp lines, grainy texture, minimal pencil sketch style illustration, light beige background --ar 16:9
응용 프롬프트	very simple and minimal pencil single line art of [연필로 그릴 대상], sharp lines, grainy texture, minimal pencil sketch style illustration, light beige background --ar 16:9

예제 02 볼펜으로 그린 라인 아트

이번에는 볼펜으로 라인 아트를 그려 보겠습니다. 볼펜으로 랍스터를 그리되 빨간 색으로, 마치 손으로 그린 듯 그려 달라고 했습니다. 사용할 도구와 도구를 '어떻게' 사용할지 함께 적어 주세요.

예제 프롬프트	minimal hand drawn red color ballpen line art vector of a lobster --ar 16:9
응용 프롬프트	minimal hand drawn [볼펜 색상] color ballpen line art vector of [볼펜으로 그릴 대상] --ar 16:9

08-5

그래픽이 반복되는 패턴 디자인

일정한 그래픽이 반복되는 패턴 디자인은 옷감, 벽면과 바닥 타일, PC 배경 화면 등 다양한 곳에 활용합니다. 미드저니에서는 이러한 패턴을 --tile 파라미터로 쉽게 만들 수 있습니다. 작성한 프롬프트 뒤에 --tile을 붙이면 타일이 1:1 정사각형 비율로 생성됩니다. 다양한 패턴 예제와 응용할 수 있는 프롬프트 블록을 함께 보여 드리겠습니다.

하면 된다! ╿ 패턴 디자인하기

우리 주변에서 쉽게 볼 수 있는 패턴도 좋고 특정 개체의 특성을 반영한 패턴도 괜찮습니다. 상상력을 펼쳐서 다양한 패턴 디자인을 해보세요.

예제 01 태국 연꽃 패턴

패키지, 포장지, 카드 뉴스 등 포인트를 줄 수 있는 곳에 패턴으로 활용할 수 있습니다. 색감(dreamy pastel color palette)을 여러 가지로 조정하면서 응용해 보세요.

예제 프롬프트	3d art style lotus thai pattern, with a dreamy pastel color palette --tile
응용 프롬프트	3d art style [패턴 내용], with [전체 색감] palette --tile

예제 02 프랙털 패턴

프랙털 패턴이란 임의의 한 부분이 전체의 형태와 닮은 도형을 말합니다. 컴퓨터 그래픽 분야에 많이 응용되고 있으며, 구름 모양이나 해안선 따위에서도 찾아볼 수 있습니다. 이러한 프랙털 패턴은 포스터 디자인의 배경 요소로 활용할 수 있습니다.

예제 프롬프트	vector image minimalistic and muted colors radient fractal pattern --tile
응용 프롬프트	vector image minimalistic and [전체 색감], [패턴 내용] --tile

수채화 잎사귀 패턴

수채화 잎사귀 패턴은 브랜드 디자인의 레퍼런스로 활용할 수 있고, 다양한 디자인 요소에서 포인트를 줄 수 있는 패턴으로 활용할 수 있습니다.

예제 프롬프트	watercolor black gold ivory leaves pattern, very detailed, Cartoon, hyper realistic, intricate detail, illustration style, high solution, black background --tile
응용 프롬프트	watercolor [전체 색감] [패턴 내용], very detailed, Cartoon, hyper realistic, intricate detail, illustration style, high solution, [전체 배경 색감] background --tile

예제 04 **모노크롬 패턴**

모노크롬^{monochrome}이란 단일 색조에 명도와 채도의 변화만 있는 추상화의 한 종류입니다. 예제의 '이빨'을 활용하여 제작한 패턴처럼 아이코닉한 패턴을 제작하여 패션 디자인에서 레퍼런스로 활용할 수 있습니다.

예제 프롬프트	monochrome pattern on teeth 3D, colors - languid gray, orange, white, spaced apart, fauvism --tile
응용 프롬프트	monochrome pattern on [패턴 내용] 3D, colors - [전체 색감], spaced apart, fauvism --tile

예제 05 추상 패턴

추상 패턴은 특히 동화적인 요소를 적용하여 아이들을 위한 작품을 만들 때 활용하면 좋습니다. 아이에게 상상력을 불러일으키는 스토리를 패턴에 담아 보세요.

예제 프롬프트	dense moebius abstract safari animals texture drawing, in the style of children's illustration book --tile
응용 프롬프트	dense moebius abstract [패턴 내용] texture drawing, in the style of children's illustration book --tile

예제 06 오일 페인팅 패턴

오일 페인팅 패턴 키워드를 활용하여 물감, 붓, 다양한 채색법을 고려한 실험적인 패턴을 만들어 보세요. 그리고 휴대폰과 PC 등에 사용할 수 있는 자신만의 배경 화면을 만들어 봐도 좋습니다.

예제 프롬프트	thick broad abstract oil painting strokes, vibrant pastel colors tone, expressionist, photorealistic `--tile`
응용 프롬프트	thick broad abstract oil painting strokes, [전체 색감], expressionist, photorealistic `--tile`

지금까지 다양한 카테고리를 보며 프롬프트를 소개했습니다. 미드저니 프롬프트를 가장 잘 활용하는 방법은 다양한 예제의 구조를 잘 익혀서 나만의 이야기와 취향을 대입하고 이미지를 많이 만들어 보는 것입니다. 자신의 이야기를 얼만큼 잘 묘사하고, 그 이야기와 가장 잘 어울리는 그래픽과 표현 방식을 찾아 잘 포장하는지에 따라 생성되는 이미지의 디테일이 달라집니다.

따라서 내가 어떤 이야기를 갖고 있는지 살피고 그 이야기를 채굴하는 시간을 충분히 가져야 합니다. 또한 금방 증발해 버리는 다양한 아이디어를 바로바로 붙잡을 수 있도록 노력도 해야 하죠. 마지막으로 일상에서 이미지를 표현하는 방식에 호기심을 가지고 알아보는 열정도 필요합니다. 미드저니와 협업해서 작업을 하다 보면 인간인 우리의 일상이 전보다 풍요로워짐을 느낄 수 있을 것입니다.

크리에이터로 한발 더 나아가기

8장에서는 창의성을 발현해야 하는 다양한 키워드를 살펴봤습니다. 이 키워드를 프롬프트 블록에 넣어 정리한 다음, 미드저니에게 이미지를 만들어 달라고 요청해 보세요.

프롬프트 블록 1 — 먹고 싶은 음식 만들기

1. 전체 그림/그래픽 요소	2. 이야기(묘사)	
3. 효과	4. 도구	5. 파라미터

프롬프트 블록 2 — 나만의 아트 만들기

1. 전체 그림/그래픽 요소	2. 이야기(묘사)	
3. 효과	4. 도구	5. 파라미터

AI와 협업하는 뇌 훈련법

지금까지 미드저니와 함께하면서 어려운 점은 없었나요? 미드저니에 프롬프트를 입력하면서 새롭고, 신선하고, 때로는 괴상하기도 하지만, 또 때로는 감동적인 이미지를 만들어 봤어요. 어때요? 무엇인가 만들어 낼 때마다 창작의 기쁨이 샘솟지 않나요? 그림을 그릴 줄 몰라도 미드저니와 함께하면 작은 아이디어 조각이 총천연색으로 시각화되어 나타나니 성취감도 점점 올라갑니다.

그런데 많은 분들이 미드저니로 다양한 작품을 만들면서 새로운 고민거리를 마주하게 됩니다. 바로 '소재의 고갈'입니다. 처음에는 간단하게 입력해서 다양한 것을 쉽게 만들어 냈지만, 어느 순간 더 이상 이야기가 떠오르지 않아서 무엇을 만들어야 할지 모르겠다는 분들이 많더라고요. 저 역시 소재의 고갈을 느꼈을 때 어떤 이야기로 만들어야 할지 고민을 참 많이 했습니다. 하지만 그것은 얼마 지나지 않아 해결할 수 있었어요. 일상에서 해결책을 하나둘씩 찾아내기 시작했거든요.

여러분, 한 가지 제안을 드릴게요. 미드저니, 즉 AI와 협업하기에 앞서 일상에서 뇌를 훈련하고, 창의적인 생각을 할 수 있는 습관 몇 가지를 함께 실천해 보면 어떨까요? 일상에서부터 훈련을 지속하면 마르지 않는 이야기의 샘을 만들 수 있고, 결국 AI와 신선하고 즐거운 협업을 즐길 수 있을 것입니다.

많이 걷고 돌아다니기

정말 단순한 방법이죠? 하지만 여러분이 생각하는 것과는 조금 달라요. 아무 생각 없이 걷는 것이 아니라 눈과 귀와 코를 열고 세상을 느끼며 걷고 돌아다녀야 합니다. 걷는 길마다 풍경이 다채롭게 변화하니 그 모든 것에서 이야기를 포착해 보세요.

그렇다면 구체적으로 어떤 걸 관찰할 수 있을까요? 시간이 흐르면 해의 위치가 변하고 그림자가 생깁니다. 사람들의 얼굴에 빛이 드리우면 그 빛에 따라 표정도 변화하는데요. 햇살이 강한 낮 시간대에는 눈이 부셔 미간을 찡그린 아저씨를, 저녁 시간대에는 노을을 바라보며 황홀경에 빠진 할머니를 볼 수 있어요. 또, 이른 아침 들판에 핀 풀꽃에 맺힌 이슬까지도 관찰할 수 있죠. 이렇게 우리가 걷는 길 주변에는 다양한 경험과 볼거리가 가득합니다.

당연한 것들이지만 우리는 무심코 지나쳐 왔기 때문에 주변의 것을 이야기 소재로 사용할 수 있다는 사실을 망각하곤 합니다. 걷고 돌아다니면서 이야기 소재를 찾아봅시다.

다양한 색을 많이 접하기

색에 관심을 가져 보세요! 각각의 색이 띠는 성격과 분위기를 익히고, 색을 조합해 보면서 이야기에 색을 입히는 훈련을 해보세요. 머릿속에 상상하는 것은 아직 현실에서 시각화하지 않은 상태입니다. 이것을 텍스트로 묘사해서 현실로 가져올 때 숨을 불어넣는 작업이 바로 색을 입히는 일이죠. 앞서 많이 걷고 돌아다니며 일상에서 이야기 소재를 찾으라고 했던 것처럼 색도 일상에서 다양하게 접해 보세요. 색을 관찰하고 조합하면서 색 사이의 관계를 설정해 보세요. 색을 접하고 수집하는 방법은 273쪽에서 자세히 살펴볼게요.

다양한 시점에서 사진 찍기

우리는 늘 눈높이에 익숙해져 있습니다. 그래서 촬영할 때마다 늘 비슷한 결과물이 사진에 담기곤 하죠. 집에 있는 아이를 보면 다리 사이로 머리를 내밀어 거꾸로 된 세계를 보며 까르르 웃고, 바짝 엎드린 채로 풀숲에 떨어진 열매를 보면서 신기해합니다. 여러분도 세상을 바라보는 시선을 조금 달리해서 새로운 발견의 기회를 얻어 보세요. 아이처럼 아스팔트 바닥에 포복한 채로 촬영하라는 것이 아니에요. 휴대폰의 카메라 렌즈를 바닥에 둔 채 촬영하거나, 풀숲에 밀어 넣어 극단적인 로 앵글로 만들어서 풀숲에서 바라본 하늘을 촬영하는 등 평소에 우리 눈높이에서 볼 수 없는 세계를 찍어 보라는 것이죠. 다양한 시점과 각도로 사진을 찍다 보면 새로운 관점을 얻게 됩니다. 새로운 관점은 새로운 경험으로 이어지고, 그 경험을 AI와 함께한다면 훨씬 더 신선하고 생동감 넘치는 이미지를 만들 수 있습니다.

광고, 영화, 애니메이션, 음악 등 다양한 미디어 접하기

이야기를 만드는 것이 어렵다면 다양한 영감을 받을 수 있는 미디어를 접하는 것을 추천합니다. 광고, 영화, 애니메이션, 음악 등 스토리·미디어 전문가들이 제작한 작품을 많이 만나는 것이죠. 여기서 중요한 것은 장르와 언어를 구애받지 않고 스펙트럼을 확장해서 폭넓게 경험하는 것입니다. 좋아하는 장르만 접하다 보면 상상하는 이야기의 주제가 좁아질 수 있고, 그 재료의 수가 적어질 수 있거든요.

그중에서도 가장 추천하는 것은 전 세계 광고 영상을 많이 보는 것입니다. 광고는 보통 30초에서 3분 정도로 짧지만 브랜드 묘사는 물론이고, 광고를 시청하는 사람들에게 강렬한 인상을 주기 위해 시각적인 효과와 청각적인 요소를 넣어 드라마틱하게 편집합니다. 광고의 스토리에서 이야기 전개 방식을 배울 수 있고, 각 장면별 구성과 장면 전환도 배울 수 있습니다. 게다가 전체 이야기를 표현하는 음악의 사용법도 익힐 수 있어서 미드저니와 협업해서 이미지를 제작하는 것은 물론이고, 이후에는 영상을 직접 제작할 때까지도 큰 자양분이 될 것입니다.

저는 특히 태국, 일본, 미국, 프랑스의 광고를 즐겨 봅니다. 각각의 브랜드 스토리와 고객을 사로잡기 위한 장면별 특징, 그리고 색감 등에 주목하며 영상을 공부해 보세요.

늘 메모하고 분류하기

손이 닿는 곳에 종이와 펜이 있거나, 휴대폰 메인 화면에 내려받은 메모 앱에 일기를 쓰는 등 메모하는 습관이 있나요? 어떤 내용이든 불현듯 떠오를 때가 있는데, 그 생각을 바로 메모해 두지 않으면 금세 잊히더라고요. 그래서 저는 늘 메모를 해두면서 그것을 붙잡으려고 애를 씁니다.

하루의 마무리를 노트 앱이나 종이 노트에 꾹꾹 눌러 담아 보세요. 그날 있었던 일부터 날씨, 인상적이었던 풍경, 냄새 등 감각과 관련된 내용도 적어 넣고요. 간단한 메모로 아이디어를 포획하고, 일기를 써서 하루를 정리하는 글쓰기 습관을 길러 두면 AI와 협업해서 콘텐츠를 만드는 데 엄청난 도움이 됩니다. 어제 본 풍경이 AI와 만나면 한 폭의 유화가 되고, 샤워하면서 떠올린 이야기는 영화 속 긴박한 장면이 됩니다. 글 쓰는 행위 자체를 가까이 두면 프롬프트를 작성하기 전부터 이야기는 저절로 마련될 것입니다.

여러분, 여기서 이것 하나만 명심하세요! 단지 메모하고 일기를 적는 것이 아니라 아이디어를 분류하는 습관도 함께 길러야 합니다. 분류 규칙은 여러분에게 달렸습니다. 시각, 청각, 후각, 촉각 등의 감각적 요소로 분류할 수 있고, 날씨에 따라 분류할 수도 있고, 감정별로 분류할 수도 있습니다. 이야기의 소재를 잃어버린 내일의 내가 잘 찾을 수 있도록 분류하는 것이 중요합니다.

이질적인 것들을 섞는 것을 두려워 말기

AI와 협업해서 창작물을 만들 때 좋은 점은 서로 성질이 다른 것들을 섞는 것만으로도 전혀 생각지도 못한 결과물을 만들 수 있다는 것입니다. 그렇게 나온 결과물은 다시 영감을 주고 결국 이야기를 연출하는 데 좋은 재료가 됩니다. 이질적인 것을 섞어 새로운 창작물을 만드는 일은 '보통'과 '상식'을 깨는 것에서 시작합니다. 특히 AI와 함께 콘텐츠를 창작할 때는 스스로를 테두리 안에 가두지 말고 과감하게 도전하는 것이 좋습니다.

그런데 우리는 이질적인 것을 섞는 것에 본능적으로 불편함을 느끼는 것 같아요. 다음 이미지는 바닷가에 갔을 때 해변가로 밀려온 하얀 해파리를 보고 놀라 소리지르는 사람들의 모습이 생각나 만들었습니다. 재밌지 않나요? 사실 해파리는 식용하거나 관상용으로 기르는 것이 보통이고, 옷의 재료로 해파리는 사용하지 않으니까요!

예제 프롬프트	under the sea, nature photography, Kodachrome photograph dynamic posing full body Jelly Fish + female model wearing transparency glass and jellyfish, jellyfish made of a complex colorless assembly of multiple inflatable clear transparent parts, photo taken with medium format camera --ar 16:9

섞을 수 있는 소재는 주변에 있는 모든 것이라고 할 수 있을 정도로 다양합니다. 색, 질감, 물건, 재료, 화학 반응 등 눈에 보이는 것은 모두 섞을 수 있습니다. 앞선 이미지에서 해파리로 옷을 만든 것처럼 말이죠.

다음 이미지는 유리로 만든 가방입니다. 세상에 깨지기 쉬운 유리로 만든 가방이 어디 있나요? 게다가 유리로 만들어 내부가 훤히 들여다보이는데, 가방 안에는 꽃과 신발이 들어 있습니다. 하나의 예술 조형물과 다름이 없죠.

예제 프롬프트	azure and white and green, and white nike+kith duffel bag, flowers in the bag, in the style of postmodern appropriation of found objects, glitch colored glass, adventure themed, complex layers and textures --ar 16:9

프롬프트는 팔레트입니다. 여러 가지 색을 섞어 가면서 여러분의 이야기를 아름답게 채색해 보세요.

미드저니 프롬프트 공식!

미드저니 프롬프트 공식은 경험과 이야기를 짓는 상상력과 프롬프트에 뼈대를 세워 주는 지식의 총합입니다.

> **프롬프트(prompt) = 경험 + 이야기 짓기 + 지식**

경험은 우리가 일상에서 보고, 듣고, 마시고, 만지며 느끼는 모든 기록입니다. 주변에 관심을 가지며 기록하는 습관을 들여다보면 기록이 쌓이고 그 기록은 곧 프롬프트의 재료가 될 것입니다. 이야기 짓기는 경험에서 발현되는 상상을 어떻게 글로 옮길지 고민을 거듭하는 노력에서 빛을 발합니다. 평소에 글을 많이 읽고 쓰다 보면 프롬프트를 쓰는 데에도 큰 도움이 됩니다. 미드저니를 포함한 AI는 이미 방대한 지식을 갖추고 있습니다. 우리에게 지식이 중요한 것은 AI가 가진 데이터를 잘 활용하려면 인간이 더 똑똑해야 하기 때문입니다. 실사 사진으로 이미지를 생성할 때 사진 촬영 기법의 이해도가 높다면 디테일이 더욱 훌륭한 실사 이미지를 생성할 수 있겠죠? 우리가 아는 만큼 AI에게 지시할 수 있는 프롬프트의 질이 올라갑니다.

09

미드저니
실전에 활용하기

미드저니는 거대한 공장입니다. 인간이 경험하고, 생각하고, 상상한 소재를 미드저니에 넣으면 뚝딱뚝딱 이미지를 만들어 내죠. 프롬프트가 완벽한 것 같은데도 가끔씩 원하는 이미지가 나오지 않기도 하고, 또 어떤 때는 의외의 이미지를 생성하여 우리를 놀라게 합니다. 어째서 이런 일이 발생할까요? 이번 장에서는 미드저니를 부품 공장으로 활용해 보겠습니다. 여러분은 그 부품을 기획하고, 조립하고, 최종 결과를 점검하는 이야기 공장장이 되는 거예요! 미드저니가 생성한 이야기의 부품을 여러분이 조립해서 이야기로 완성하는 방식을 함께 나누어 보겠습니다.

09-1

이야기 조립하기

미드저니를 활용하다 보면 한계에 부딪힐 때가 있습니다. /imagine 뒤에 나만의 이야기를 채워 넣어도 결과물이 아쉬운 경우인데요. 그리고 좀 더 다양하고 살아 숨쉬는 결과물을 만들고 싶은 욕구도 생깁니다. 현실에 존재하지 않지만 현실에 있는 듯한 착각이 들 정도로 사실적인 그런 결과물 말예요.

미드저니로 이미지를 만드는 것에서 한 단계 더 나아갈 수 있는 방법이 있습니다. 바로 미드저니라는 공장을 운영하는 거예요. 이번 절에서는 미드저니를 공장으로 활용할 수 있도록 운영 방법을 소개하려고 합니다. 미드저니 공장은 역할에 따라 두 부분으로 나눌 수 있습니다.

재료 공장에서는 일상에서 발견하고 경험해 온 질감, 재료를 프롬프트에 넣고 섞어서 이전에 없던 것을 만듭니다. 예를 들어 오토바이 헬멧을 만든다고 가정해 볼게요. 현실에서는 합성 섬유, 유리 섬유, 탄소 섬유, 플라스틱 등을 소재로 하지만, 미드저니에서는 단단한 화강암과 끈적거리는 젤리를 섞어서 만들거나 투명한 크리

스틸이나 콜라 등을 섞어서도 만들 수 있습니다. 상상하지도 못했던 이질적인 재료를 이리저리 섞어서 새로운 형태의 헬멧을 만드는 것이죠. 다시 말해 재료 공장은 다양한 재료를 섞어서 흥미로운 재료를 만드는 실험 공장입니다.

부품 공장은 이미지를 연결하여 장면 하나를 만들거나, 장면 하나를 완성하기 위해 장면 속에 등장하는 애셋^{asset}을 만드는 공장입니다.

우선, 재료 공장부터 함께 알아볼까요?

재료 공장 — 생각지 못한 재료 조합하기

미드저니를 재료 공장으로 운영하려면 필요한 습관이 있습니다. 바로 우리 주변에서 다양한 감각적인 경험을 하고 그 속에서 질감에 대한 표현, 맛에 대한 느낌, 눈으로 보았을 때의 감정 등을 모두 기록해 두는 것입니다. 주변에 있는 모든 소재는 프롬프트에 입력하는 귀중한 재료가 됩니다.

다양한 질감 표현

- rough(거친)
- squishy(질척질척한)
- smooth(매끄러운)
- soft/hard(부드러운/단단한)
- slippery(미끄러운)
- sticky(끈적거리는)
- glossy(윤이 나는)
- dusty(먼지투성이인)
- thick(두툼한)
- bumpy(울퉁불퉁한)
- jagged(삐쭉삐쭉한)
- crispy(바삭바삭한)
- fluffy(솜털로 뒤덮인)
- shiny(빛나는)

제 주변에서 수집한 다양한 질감 표현을 예로 들어 보았습니다. 감각적으로 경험해 보고 느낀 것과 관련한 단어를 직접 찾아보는 것이 중요해요. 그래야 이질적인 것을 서로 섞을 때 좋은 결과물로 이어집니다. 몇 가지 프롬프트 예제로 이러한 질감 표현을 다시 한번 익혀 보겠습니다.

다양한 소재로 만든 헬멧

헬멧의 재료를 다르게 하여 5가지의 헬멧을 만들어 보겠습니다.

재료: smooth plastic

재료: material is fluffy doll

재료: plastic and walnut wood

재료: material is sticky and slimy, dripping jelly

재료: material is transparent crystal

위의 5가지 이미지는 다음 프롬프트의 [재료]에 각각 'smooth plastic', 'material is fluffy doll', 'plastic and walnut wood', 'material is sticky and slimy, dripping jelly', 'material is transparent crystal'을 입력한 결과입니다.

응용 프롬프트	top-down product shot, [재료], deep red and white futuristic helmet on a white background, back button focus, superflat style --ar 16:9

정글 속에 있는 공

다음 예시는 일정한 배경에서 재료의 변화를 보여 줍니다. 정글이라는 배경은 유지하면서 '공'의 속성, 성질 등을 다양한 질감으로 묘사해 볼게요. 프롬프트를 연습할 때는 배경도 함께 다양하게 변화를 주는 것도 좋습니다.

재료: greek statue

재료: rusty stone and moss

재료: sticky jelly and plastic bag

재료: fluffy threads

헬멧 예시와 같이 거의 동일한 프롬프트에 재료만 바꾼 결과물입니다. 위의 4가지 이미지를 만든 프롬프트는 다음과 같습니다. [재료]의 위치에 각각 greek statue, rusty stone and moss, sticky jelly and plastic bag, fluffy threads를 입력했습니다.

응용 프롬프트	Editorial minimalist shot of sphere made of/from [재료] muted jungle in background --ar 16:9

우리 주변에서 볼 수 있는 것은 모두 프롬프트의 재료가 될 수 있습니다. 이때 재료를 단순히 입력하는 정도로 사용하는 것이 아니라 그 재료의 성질을 감각적으로 어떻게 표현할 수 있는지 직접 경험하고 글로 풀어내는 연습을 해야 합니다. 그다음으로 재료를 이것저것 섞어 보면서 재료의 성질을 활용한 이미지를 만들어 보세요.

특히 저는 재료의 성질을 조합하는 방식을 활용해서 제품 광고, 패션 룩북, 영화 트레일러, 콘셉트 아트 등에 적용하고 있습니다. 생각지도 못한 재료의 조합이 상상만 하던 결과물로 이끌어 주는 것이죠. 우리의 이야기 재료는 바로 옆에 있습니다. 언제나 눈을 크게 뜨고, 귀를 기울이고, 냄새를 쫓고, 만져 보고, 느끼면서 묘사하는 연습을 해봅시다.

부품 공장 — 이미지를 연결해 이야기로 만들기

저는 종종 모바일로 웹툰을 즐겨 보는데 이때 엄지손가락으로 스크롤을 올리며 다음 컷으로 이어지는 이야기를 기대합니다. 액션 장면에서는 여러 개의 컷이 연결된 채로 이야기가 박진감 넘치게 전개되기도 하죠. 미드저니도 이렇게 활용해 볼 수 있습니다. 미드저니로 이야기 한 편을 만들어 보겠습니다.

하면 된다! } 4컷짜리 이야기 만들기

오른쪽 이미지는 4컷을 하나로 연결하여 제가 생각했던 이야기 한 편을 표현합니다. 이야기는 이렇습니다.

> 누군가가 황무지에 투명한 큐브를 던집니다. 이 큐브는 처음에는 아무것도 없는 그저 비어 있는 상태였고 홀로 떨어진 채로 가만히 있었습니다. 그런데 이 큐브 안에 어느새 씨앗이 생겨났고 점차 그것이 자라나면서 황무지 전체가 꽃밭으로 점차 물들어 갔습니다.

이 장면을 연출하기 위해 미드저니의 이미지 프롬프트를 활용했습니다. 이미지 프롬프트는 생성하고자 하는 이미지와 유사한 느낌의 이미지를 미드저니에 업로드하거나 이미지의 주소를 프롬프트에 입력하여, 해당 이미지를 활용해서 새로운 이미지를 생성하는 방법입니다. 동일한 이미지 소스를 컷별로 적용하면 이미지를 일관성 있게 만들 수 있습니다. 우선 위 이미지를 제작하는 방법을 살펴보면서 이미지 프롬프트를 자세히 소개하겠습니다.

01 프롬프트를 입력해서 이야기의 기반이 되는 이미지를 생성합니다.

4컷 중 두 번째 이미지를 생성했어요!

예제 프롬프트	Filmschool Portrait Closeup, a crystal clear cube on the wasteland, masterpiece collection, ektar, minimalist --ar 21:9

02 이미지를 클릭한 후 [브라우저로 열기]를 선택합니다.

브라우저로 열기
클릭

03 상단 주소 창에서 이미지 주소를 복사한 다음, 프롬프트 창에 붙여 넣습니다.

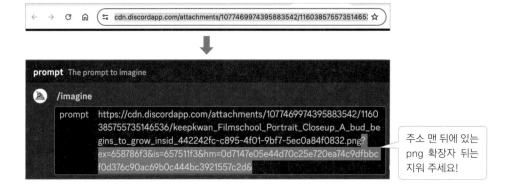

cdn.discordapp.com/attachments/1077469974395883542/11603857557351465

prompt The prompt to imagine

/imagine

prompt https://cdn.discordapp.com/attachments/1077469974395883542/1160
385755735146536/keepkwan_Filmschool_Portrait_Closeup_A_bud_be
gins_to_grow_insid_442242fc-c895-4f01-9bf7-5ec0a84f0832.png?
ex=658786f3&is=657511f3&hm=0d7147e05e44d70c25e720ea74c9dfbbc
f0d376c90ac69b0c444bc3921557c2d&

주소 맨 뒤에 있는 png 확장자 뒤는 지워 주세요!

04 이미지 주소와 함께 다음 장면을 묘사하는 프롬프트를 작성합니다. 파란색 글씨는 기존 복사한 이미지 주소를 축약한 형태입니다. **01** 과정에서 만든 이미지와 프롬프트가 조합되면서 일관된 장면을 연출해 줍니다.

▶ 이미지 주소와 프롬프트를 입력하고 [Enter]를 누르면 이미지 주소는 자동으로 축약되어 파란색 글자로 변합니다.

예제 프롬프트	〈이미지 주소〉 Filmschool Portrait Closeup, A bud begins to grow inside the crystal clear cube on the wasteland, masterpiece collection, ektar aesthetic, minimalist of mass+scale --ar 21:9

05 **04** 과정과 같은 방법으로 다양한 장면을 연출합니다. 이렇게 이야기를 연출할 때에는 장면별 이미지를 여러 컷 생성하세요.

5-1. 누군가가(어떤 손이) 황무지를 향해 투명한 큐브를 던진다.

예제 프롬프트	〈이미지 주소〉 Filmschool Portrait Closeup, A hand throws a transparent cube across the wasteland, masterpiece collection, ektar aesthetic, minimalist of mass+scale --ar 21:9

5-2. 큐브 안에서 씨앗이 자라나기 시작한다.

예제 프롬프트	〈이미지 주소〉 Filmschool Portrait Closeup, A bud begins to grow inside the crystal clear cube on the wasteland, masterpiece collection, ektar aesthetic, minimalist of mass+scale --ar 21:9

5-3. 투명한 큐브가 산산조각이 나면서 황무지 주변이 점차 꽃밭으로 변해 간다.

예제 프롬프트	〈이미지 주소〉 Filmschool Portrait Closeup, The transparent cube is shattered, and the wasteland is transformed into a field of flowers, masterpiece collection, ektar aesthetic, minimalist of mass+scale --ar 21:9

06 이렇게 만든 4컷의 이미지를 파워포인트, 포토샵, 미리캔버스 등 이미지 편집 도구를 활용하여 하나의 이미지로 결합하면 하나로 이어지는 이미지를 만들 수 있습니다. 각각의 이미지로도 이야기를 전달할 수 있지만, 여러 컷의 이미지를 생성하고 조립하면 한층 완성도 있는 이야기를 만들 수 있습니다.

하면 된다! 〉 이미지를 부분 편집해서 이야기 완성하기

미드저니의 [Vary(Region)] 기능을 활용하여 레트로 게임의 한 장면을 레이어별로 제작해 보겠습니다. 여기서는 게임 장면을 [배경], [게임 캐릭터(플레이어)], [보스(NPC)]의 3가지 레이어로 작업할 것입니다.

▶ [Vary(Region)] 기능은 미드저니에서 제공하는 이미지 생성 AI의 인페인팅(이미지 부분 편집) 기술입니다. 02-3절에서 자세히 다루었습니다.

01 레트로 게임의 한 장면을 만들 것이므로 프롬프트는 다음과 같이 입력합니다. 16비트 픽셀 비디오 게임 배경 아트이며 최종 보스가 있는 던전의 모습을 만들 것이고, 이 게임의 장르는 액션 롤플레잉 게임이라는 것을 키워드로 작성합니다.

> 배경 아트와 관련한 이야기와 디자인 요소를 자세히 입력할 수록 좋겠죠?

예제 프롬프트	16bit pixel videogame background art, ultra detailed last boss dungeon that will be used as a boss fight level in a videogame, genre is action rpg --ar 21:9

02 생성된 이미지 샘플 4개 중에서 하나를 선택하여 [업스케일링] 합니다. 그러면 이미지 하단에 이미지를 변형하는 메뉴들이 출력됩니다. 여러 개의 버튼 가운데 [Vary(Region)]을 클릭합니다.

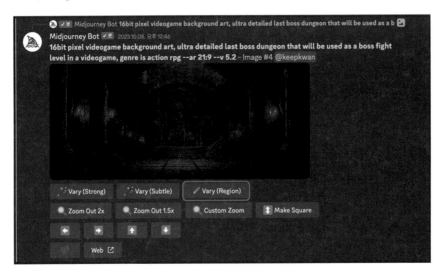

03 생성된 이미지와 선택 도구, 그리고 프롬프트 입력 창이 있는 [Editor] 창이 나타납니다. 배경 아트 내에 캐릭터를 생성할 곳을 [올가미 도구]로 선택하고 프롬프트 입력 창에 선택한 영역에 들어갈 캐릭터를 묘사한 다음 [Enter]를 누릅니다.

예제 프롬프트	16bit pixel retro videogame pixel character, side view of medieval knight --ar 21:9

리믹스 모드로 전환하세요!

[Editor] 창에 프롬프트 입력 창이 보이지 않는다면 리믹스 모드(Remix mode)로 설정해 줘야 합니다. 프롬프트 입력 창에 /settings를 입력하고 [Enter]를 누르면 다음과 같이 설정 옵션이 나타납니다. 여기서 [Remix mode]를 활성화해 주세요.

04 새로운 프롬프트를 반영한 4개의 이미지 샘플이 생성됩니다.

여기서는 4번째 이미지를 선택하기 위해 [U4] 버튼을 클릭했습니다. 여러분도 적절한 이미지의 업스케일링 버튼을 클릭하세요.

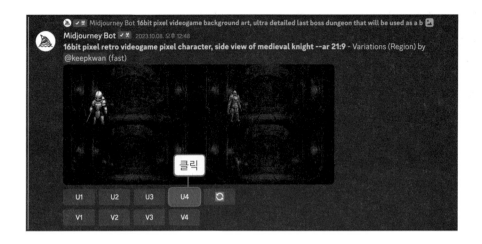

05 어떤가요? 아무도 없던 텅 빈 던전 안에 캐릭터가 나타났습니다.

06 이번에는 이 던전을 지키는 보스 캐릭터를 생성하겠습니다. 마찬가지로 [Vary (Region)]을 클릭하세요. 던전의 옥좌 부분을 [올가미 도구]로 선택하고, 해당 영역에 들어갈 내용을 프롬프트 입력 창에 입력한 후 Enter를 누릅니다.

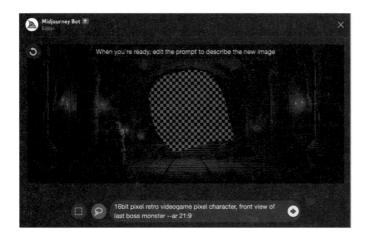

예제 프롬프트	16bit pixel retro videogame pixel character, front view of last boss monster --ar 21:9

07 보스 캐릭터가 생성됐습니다.

주변과 어우러지게 잘
만들어졌죠?

이렇게 미드저니는 공장의 역할을 훌륭히 수행해 냅니다. 미드저니를 단순히 한 장의
이미지를 만드는 도구라고 생각하기보다 우리의 이야기를 완성해 주는 공장이라고
여겨 보세요. 분명 앞으로도 재밌는 콘텐츠가 계속 나올 것입니다. 여러 각도로 미드
저니를 바라봐 주세요. AI와 인간이 협업하는 다양한 방식은 늘 주변에 있습니다.

09-2

결과물의 질을 한 단계 높이는 방법

여태까지 미드저니로 이미지를 만드는 과정을 배워 봤어요. 이번에는 미드저니 결과물의 질을 향상할 수 있는 방법을 소개할게요. 미드저니에 입력할 키워드의 영감을 얻는 방법과 산출한 결과물을 확장하는 방법으로 나누어 살펴보겠습니다.

사진에서 영감 얻기 — 언스플래시

미드저니를 잘 활용하려면 01-2절에서 이야기한 것처럼 아이디어를 구체적으로 정리하는 것이 중요합니다. 평소 생각하던 이야기가 따로 없다면 특정 이미지에서 새로운 영감을 받아 차용해 볼 수도 있겠죠. 미드저니에게 요청할 키워드를 손쉽게 산출하고 싶다면 이미지 사이트에 접속해서 이미지를 탐색하고 영감을 얻을 이미지에서 키워드를 추출하면 됩니다.

언스플래시(Unsplash)는 저작권 없는 이미지를 내려받을 수 있는 사이트입니다. 이곳에는 전 세계의 다양한 크리에이터들이 자신의 작품을 등록하여 모두에게 열어 놓고 있습니다. 수많은 이미지를 한눈에 볼 수 있어서 미드저니에 활용할 만한 다양한 레퍼런스를 찾을 수 있죠. 저는 이곳 작품의 색감, 구도, 제작법 등에서 미적 영감을 얻습니다.

언스플래시 사이트(unsplash.com/ko)

다음 이미지 3컷을 볼까요? 첫 번째 이미지에서는 복도에 서서 뒤를 돌아보는 두 모델의 배치와 배경 색감, 소실점 등을 통해 인물과 배경을 조화롭게 담아 내는 촬영 기법과 구도를 배울 수 있습니다. 가운데 이미지에서는 코발트블루색의 강렬한 이미지 속에서 나무의 초록빛을 활용하는 멋진 아이디어를 얻을 수 있습니다. 마지막으로 눈 주변에만 사각형의 빛을 투여한 인물 사진에서는 인물을 촬영하고 표현하는 새로운 방식을 배울 수 있습니다.

사진작가도, 3D 디자이너도 아니지만 직접 느낀 감정, 경험과 지식의 범위 내에서 전문가들이 작업한 이미지를 해석하곤 하는데요. 결국 그것을 제 것으로 만들면서 언스플래시에서 정말 많은 것을 배울 수 있더라고요.

이미지 키워드 추출하기 — /describe

언스플래시와 궁합이 잘 맞는 미드저니의 기능이 있습니다. 바로 /describe 명령어입니다. 미드저니는 기본적으로 텍스트 투 이미지(text-to-image), 즉 글을 입력하면 이미지를 생성하는데, /describe 명령어를 사용하면 이미지 투 텍스트(image-to-text), 즉 이미지를 글로 표현할 수 있습니다. 언스플래시의 이미지 표현 방식을 알고 싶을 때 /describe를 통해 묘사 방법이나 키워드 등을 배워 보세요.

하면 된다! 〉이미지 키워드 추출하기

언스플래시에서 본 이미지에서 영감을 받아도 글로 묘사할 수 없다면 말짱 꽝입니다. 다음 이미지 역시 언어로 묘사하기 어려웠고, 간단하게 프롬프트에 입력해 봐도 비슷하게 나오지 않더라고요. 다음과 같은 물결 형태의 조형물을 표현할 때 필요한 키워드를 추출하는 방법을 알아보겠습니다.

01 미드저니의 프롬프트 창에 /describe 입력하기

미드저니 프롬프트 창에 /imagine 대신 /describe를 입력하고 이미지를 파일 첨부한 후 [Enter]를 누릅니다.

02 /describe를 통해 묘사된 글 확인하기

/imagine이 텍스트 투 이미지를 통해 이미지 4개를 생성했다면, /describe는 이미지 투 텍스트를 통해 4개의 묘사된 내용을 여러분에게 제안합니다.

1, **2**, **3**, **4** 가운데 하나씩 클릭하며 결과를 확인해도 괜찮고, [imagine all]을 클릭해 묘사한 글을 한 번에 이미지로 생성해도 좋습니다.

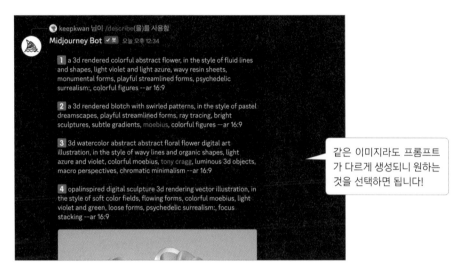

> 같은 이미지라도 프롬프트가 다르게 생성되니 원하는 것을 선택하면 됩니다!

03 결과물을 보며 묘사된 글(프롬프트) 확인하기

결과물로 파스텔 톤의 색감이 반영된 유선형의 조형물이 생성되었습니다.

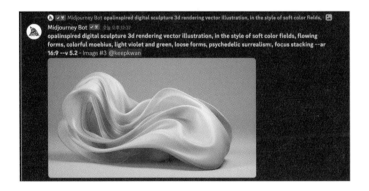

예제 프롬프트	opalinspired digital sculpture 3d rendering vector illustration, in the style of soft color fields, flowing forms, colorful moebius, light violet and green, loose forms, psychedelic surrealism:, focus stacking --ar 16:9

04 묘사된 글(프롬프트)에서 몇 가지 키워드를 얻을 수 있었습니다.

- digital sculpture 3d rendering vector illustration: 3D 렌더링으로 제작한 조형물
- in the style of soft color fields: 부드러운 색감
- flowing forms: 물결처럼 흐르는 듯한 형태
- colorful moebius: 무한히 반복되고 이어져 있는 컬러풀한 뫼비우스의 형태
- loose forms: 풀어진 형태
- psychedelic surrealism: 환각, 어지러움, 환상 효과 테마
- focus stacking: 겹겹이 쌓인 모습을 중점으로 하는 이미지

▶ 생성되는 프롬프트가 사용자마다 모두 다르니 직접 분석해 보세요.

05 프롬프트로 얻은 키워드를 응용하여 새로운 이미지를 만들어 봅시다.

예제 프롬프트	Rose inspired digital sculpture 3d rendering vector illustration, in the style of deep color fields, flowing forms, colorful moebius, deep red and deep green, loose forms, psychedelic surrealism, focus stacking --ar 16:9

같은 방식으로 또 다른 이미지도 만들어 보세요.

예제 프롬프트	wave inspired digital sculpture 3d rendering vector illustration, Greek statue, in the style of pastel colors fields, flowing forms, colorful moebius, vibrant pastel colors, loose forms, psychedelic surrealism, focus stacking --ar 16:9

이제 만든 이미지를 한 단계 확장할 차례입니다. 이미지를 합성해서 나만의 새로운 이미지를 만들거나 배경을 깔끔하게 제거해서 여기저기에 활용할 수도 있어요. 정지된 이미지를 살아 있는 양 움직이게 만들 수도 있죠.

이미지 합성하기 — /blend

미드저니에는 /blend라는 기능이 있습니다. 이미지 2장을 섞어서 새로운 이미지를 만드는 기능입니다.

다음 실습을 위해 언스플래시에서 왼쪽에 있는 두 이미지를 내려받았습니다. 이미지를 합성해서 오른쪽 이미지처럼 만드는 방법을 살펴볼게요.

하면 된다! ⟩ 이미지를 합성하여 새로운 이미지 만들기

앞서 언스플래시에서 무료 이미지를 얻을 수 있다고 했죠? 먼저 언스플래시에서 무료 이미지 2장을 내려받으세요.

01 프롬프트 입력 창에 /blend를 입력합니다. 이미지 2장을 업로드할 수 있는 화면이 나타나면 각각 클릭하여 이미지를 업로드합니다.

02 이미지를 업로드하는 부분 오른쪽에 나타나는 [+4 더보기]를 클릭하면 5장까지 더 추가할 수 있는 메뉴와 해상도 설정 메뉴가 표시됩니다. 이미지를 섞으면서 추가 변주를 줄 수 있는 기능이니 참고해 주세요.

이미지를 추가로 첨부할 수 있어요!

03 파일을 업로드한 상태에서 (Enter) 를 누르면 이미지 2장을 합성한 결과물이 생성됩니다. 미드저니를 부품 공장에 비유한 것처럼 둘 이상의 이미지를 서로 섞어서 새로운 이미지로 만들수 있으니 다양하게 활용해 보세요.

배경 깔끔하게 제거하기

미드저니로 이미지를 생성했을 때 배경 없이 피사체만 활용하고 싶은 경우가 있습니다. 저는 배경을 지워서 아이콘 이미지로 활용하거나 티셔츠를 제작할 때 사용하기도 합니다. 배경 이미지를 어떻게 제거할 수 있을까요?

우선 이미지 한 장을 생성했습니다. 배경을 제거할 이미지를 생성할 때는 애초에 프롬프트에 배경색을 단색으로 지정하면 좋습니다.

예제 프롬프트	A Hand holding a greek head clay sculpture, yellow background

이렇게 배경색을 지정해서 이미지를 출력했다면 다음 2가지 사이트에서 배경 이미지를 제거할 수 있습니다.

리무브

리무브(remove.bg)는 이미지 업로드만 하면 아주 간단하게 배경을 제거할 수 있습니다. 다만 회원 가입 없이 무료로 사용하려면 500×500 픽셀의 이미지 크기로만 저장할 수 있다는 단점이 있습니다.

리무브 사이트(remove.bg)

어도비 익스프레스

포토샵, 일러스트레이터 등으로 유명한 어도비에서 제공하는 어도비 익스프레스(Adobe Express)에는 무료 배경 지우기 기능이 있습니다. 파일 크기, 해상도 등을 훼손하지 않고 이미지에서 배경을 제거해 주며, 원본 이미지 크기도 유지할 수 있습니다. 단, 어도비에 가입해야 배경이 제거된 이미지를 내려받거나 편집하는 등의 기능을 사용할 수 있으니, 무료로 가입하고 사용해 주세요.

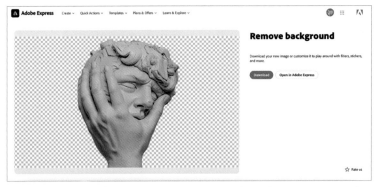

어도비 익스프레스 사이트(adobe.com/kr/express/feature/image/remove-background)

움직이는 이미지 만들기

레이아픽스 컨버터(LeiaPix Converter)는 2D 이미지를 X축, Y축 등을 기준으로 회전하거나 흔들어서 마치 살아 있는 듯한 이미지로 만들어 주는 웹 서비스입니다. [+Upload]를 클릭하여 움직이게 할 이미지를 업로드할 수 있습니다.

레이아픽스 컨버터 사이트(convert.leiapix.com)

이미지가 업로드되면 화면 오른쪽에 메뉴가 활성화되는데 여기에서 디테일한 부분을 조절할 수 있습니다.

❶ Animation Style: 상하좌우 움직임의 스타일을 지정합니다.

❷ Animation Length: 1~6초 사이의 길이를 조절합니다.

❸ Amount of Motion: 움직임의 강도를 조절합니다.

❹ Focus Point: 포커스의 위치를 조정합니다.

❺ Edge Dilation: 사진의 경계 부분을 자연스럽게 조절합니다.

❻ Advanced Editor: 움직임에서 더욱 디테일한 부분을 조절합니다.

미드저니로 생성한 이미지를 레이아픽스 컨버터에 업로드해서 살아 숨쉬는 이미지로 만들어 보세요. 특히 인물/캐릭터 이미지를 활용했을 때 가장 자연스러운 효과를 볼 수 있답니다.

09-3

일상에서 미드저니와 협업하기

미드저니, 챗GPT, 스테이블 디퓨전 등 이제는 다양한 산업에서 활용되고 있는 생성 AI를 우리는 어떻게 이용해야 할까요? 일단 우리는 하루에도 수십 개씩 론칭되고 업그레이드되는 모든 생성 AI를 능숙하게 다룰 수 없습니다. 다만 그것을 잘 다루고 일상에 건강하게 녹아들 수 있도록 우리 자신을 더욱 발전시켜야 하죠. 스스로 발전하는 동시에 생성 AI를 잘 다루고 함께 협업하여 좋은 결과물을 만드는 방법은 무엇일까요? 제가 일상에서 시도하는 미드저니와 협업하는 방식을 몇 가지 소개하겠습니다.

미드저니로 일기 쓰기

여러분은 매일 일기를 쓰나요? 일기만큼 글쓰기에 재미를 느끼게 하는 것은 없는 것 같습니다. 일기는 오롯이 혼자 쓰고 읽을 수 있는 글 저장소이므로 텍스트를 아무렇게 써넣어도 되죠. 저는 일상을 거의 미드저니와 함께하므로 일기도 미드저니로 쓰고 있습니다. 바로 그림일기인데요. 미드저니로 일기 쓰는 연습을 한다면 무엇을 얻을 수 있을까요?

❶ 일상을 새로운 방식으로 기록할 수 있습니다.

❷ 하루의 일을 AI로 이미지화할 수 있습니다.

❸ 프롬프트로 활용할 수 있는 감정, 질감, 색감 등 다양한 표현법을 익히려고 노력하게 됩니다.

다음은 일기를 미드저니 프롬프트로 옮겨 이미지를 생성한 예시입니다.

202X년 X월 X일

어제와 다르게 아침공기가 제법 선선해졌다.
기분이 좋아서 아침식사는 간단히하고 일단 밖으로 나갔다. 현관문을 열자마자
병풍처럼 보이는 뒷산의 색이 살짝 노란빛이 돌기 시작한다.
여름은 정말 싫어, 가을아 겨울아 빨리와라.

아날로그 노트, 기록 애플리케이션 등 자신이 원하는 곳에 일상을 기록

파파고, 딥엘 등 번역기를 활용하여 영어로 번역해서 입력하세요!

Midjourney Bot
Unlike yesterday, the morning air was much cooler. Feeling good, I had a quick breakfast and headed outside. As soon as I open the front door, the colour of the back mountain, which looks like a folding screen, starts to turn slightly yellow. I hate summer, autumn, winter, come on. --v 5.2 - @keepkwan (fast)

기록한 일기를 영어로 번역하여 미드저니의 프롬프트로 활용

일기를 쓸 때 보통은 하루 동안의 일, 그날의 감정 등을 담습니다. 글은 인간인 우리가 계속해서 직접 쓰겠지만 프롬프트로 옮기는 과정과 결과물이 나오는 것은 AI와 함께합니다. 평소에 글로 쓰던 일기와 달리 이미지로 표현해야 하니, 다음 내용을 좀 더 신경 쓰면서 기록해 보세요.

❶ 오늘의 날씨와 날씨에 따른 주변 환경 묘사하기

오늘의 날씨와 날씨에 따른 나와 주변 사람들의 옷, 자연환경 등을 묘사해 주세요. 그날의 기록뿐 아니라 묘사하는 힘과 프롬프트를 활용하는 능력이 올라갑니다.

❷ 하루 동안 특별했던 감각을 자세히 적기

우리에겐 오감이 있습니다. 어떤 것을 먹고 무슨 맛을 느꼈는지, 어떤 소리와 음악이 가장 인상적이었는지, 오늘 갔던 카페의 의자가 유독 두껍고 무거웠는지 등 우리가 느낄 수 있는 감각을 활용해 주변을 기록하고 프롬프트로 옮겨 보세요.

❸ 가장 많이 차지했던 색 적어 보기

인상적이었던 장면을 떠올렸을 때 어떤 색상이 가장 많이 차지하는지 적어 보세요. 그 색이 바로 여러분의 하루를 채색했던 것입니다.

❹ 오늘 느낀 감정 기록하기

매일매일 느끼는 감정이 다를 겁니다. 감정을 솔직하게 기록하고 그대로 프롬프트로 옮겨 보세요. 내가 느낀 감정이 어떤 이미지로 생성될까요?

저는 이렇게 미드저니와 함께 AI 그림일기를 쓰고 있습니다. 여러분도 글쓰기에 더욱 집중해서 일상을 기록한 다음, 글과 아울러 미드저니로 그날의 하루를 이미지로 기록해 보세요.

미드저니로 여행지 재해석하기

저는 여행을 참 좋아합니다. 우리가 일상에서 경험하는 모든 일도 여행이 될 수 있지만, 내가 살고 있는 익숙한 장소에서 벗어나 다른 곳을 탐험하는 즐거움, 새로운 아름다움을 만났을 때의 희열, 모든 생각을 비우고 이국에서 쉬는 시간 역시 여행입니다.

여러분이 지나온 모든 여행지를 미드저니로 그려 보는 것을 추천합니다. 카메라로 새로운 땅의 기억을 담아내는 것도 좋지만, 그 사진을 활용해 미드저니로 이미지를 만들어 여행지를 새롭게 재해석하는 것도 여행을 효과적으로 기록하는 방식입니다. 다음은 도쿄 여행에서 촬영한 사진과 동일한 장소를 프롬프트로 재해석한 예시입니다.

키치조지의 오래된 식당 원본 사진

미드저니로 식당을 재해석한 AI 이미지

도쿄 타워 원본 사진

미드저니로 도쿄 타워를 재해석한 AI 이미지

나카노 브로드웨이 원본 사진

미드저니로 나카노 브로드웨이를 재해석한 AI 이미지

미드저니로 여행지를 재해석하는 방법은 2가지입니다.

> ❶ 인상 깊었던 장소를 프롬프트로 직접 묘사하기
>
> ❷ 직접 촬영한 사진을 활용하여 이미지 프롬프트로 이미지 생성하기

인상 깊었던 장소를 프롬프트로 직접 묘사하기

여행을 다니면서 꼭 사진으로 남기고 싶은 인상적인 장소, 장면이 있었나요? 그런 장소를 가면 렌즈에 꼭 포착하여 남기고 싶지 않나요? 카메라 대신 미드저니로 기억을 남길 때는 해당 장면을 자세히 묘사하여 프롬프트로 정리해야 합니다. 다음 4가지 요소를 생각하면서 장면을 글로 옮겨 봅시다.

> • 날씨와 시간   • 주변 분위기
>
> • 인상적인 장면의 구체적인 묘사   • 재해석 스타일

여행할 때의 날씨와 시간에 따라 빛이나 사람들의 옷차림 등 주변 환경 요소가 다르게 보일 것입니다. 또한 자연 풍경인지 도심 속인지에 따라서도 다르고, 실내인지 실외인지에 따라서도 분위기가 다르게 느껴지겠죠.

여러분이 인상적이라고 느낀 풍경의 형태를 만들려면 솔직한 감상과 구체적인 환경 묘사가 중요합니다. 무엇이든 그려내는 미드저니를 활용해 재해석하는 만큼 특별한 스타일로 시도해 보세요.

예제 프롬프트	Midcentury Mphotography, A clear, transparent summer sky, Tokyo Tower made of red threads, and many threads stretched around Tokyo Tower, shooting with sony a7 exterior with lots of sunlight style photorealistic with cinematic lighting --s 10

직접 촬영한 사진을 활용하여 이미지 프롬프트로 이미지 생성하기

여행을 가면 사진을 정말 많이 찍곤 합니다. 이번에는 카메라로 직접 촬영한 사진을 미드저니로 재해석해 볼까요? 미드저니 개인 서버에서 작업하거나 [THEMED IMAGE GEN - image-prompts]에 들어가 진행하면 됩니다. 단, 이 채널에 이미지를 올리면 모두에게 공개되므로 개인적으로 보관하고 싶다면 개인 서버를 만들어서 작업하는 것을 추천합니다.

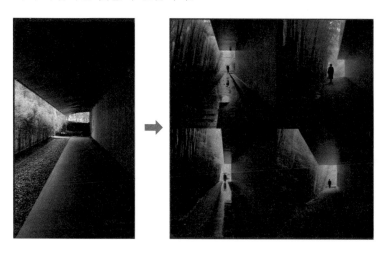

재해석하는 과정은 다음과 같습니다.

촬영한 사진 업로드하기 → 프롬프트 작성하기 → 재해석하기

미드저니 화면 하단에 있는 ⊕ 버튼을 누른 후 [파일 업로드]를 선택해서 촬영한 사진을 업로드합니다.

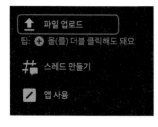

업로드한 사진을 클릭하고 사진 하단에 있는 [브라우저로 열기]를 클릭하세요. 브라우저 주소 창에 있는 주소를 복사해서 프롬프트에 붙여 넣으면 1차 프롬프트 작성은 끝입니다.

그 뒤에 이어서 사진을 재해석하는 프롬프트를 입력하면 완성입니다.

재해석을 위해 추가한 프롬프트

단순히 네즈 미술관을 촬영한 사진이 이제는 네즈 미술관에서 철학자가 걸어가는 장면으로 재탄생했습니다.

다양한 스토리와 묘사를 더 할수록 여행지를 더 재밌게 재해석할 수 있습니다.

이번 장에서는 미드저니가 공장이 되고, 우리는 이야기 공장장이 되는 방법을 이야기했습니다. 여러분이 이야기 공장장이 된다면 미드저니 공장을 더 다양하게 활용할 수 있을 것입니다. 가장 중요한 것은 우리가 해온 경험을 AI로 풀어낼 수 있는 방법이 수천 가지임을 잊지 말아야 한다는 것입니다. 앞으로 다양한 창작 활동을 하면서 인간과 AI가 함께 협업할 수 있는 방법을 고민해 본다면 좋겠습니다.

나만의 4컷 이야기 만들기

9장에서는 앞에서 배운 내용을 바탕으로 만든 이야기를 모아 새로운 이야기로 만드는 방법을 소개했습니다. 이미지를 하나 만들고 이미지 주소를 복사해서 이후 프롬프트에 붙여 넣으면 이미지를 일관된 스타일로 만들 수 있어서 아주 유용합니다.

프롬프트 블록 1

1. 전체 그림/그래픽 요소	2. 이야기(묘사)	
3. 효과	4. 도구	5. 파라미터

프롬프트 블록 2

1. 전체 그림/그래픽 요소	2. 이야기(묘사)	
3. 효과	4. 도구	5. 파라미터

프롬프트 블록 3

1. 전체 그림/그래픽 요소	2. 이야기(묘사)	
3. 효과	4. 도구	5. 파라미터

프롬프트 블록 4

1. 전체 그림/그래픽 요소	2. 이야기(묘사)	
3. 효과	4. 도구	5. 파라미터

4컷 이미지를 일렬로 배치해 여러분만의 이야기를 만들어 보세요. 인스타그램에 피드로 올려도 재밌겠네요!

색을 포착하고 조합하는 노하우

앞서 AI와 협업하는 방법으로 다양한 색을 많이 접하라고 말씀드렸습니다. 일상에서 색을 포착하고 조합하는 방법은 간단합니다. 다음 3가지 방법을 활용해 보세요.

일상에서 색을 포착하는 방법 — Adobe Capture

앱 스토어(iOS) 또는 구글 플레이(Android)에서 어도비 캡처를 설치해 보세요. 어도비 캡처는 사진을 촬영해서 색상값을 추출할 수 있습니다. 길을 걷다가 아름다운 꽃을 발견하여 사진을 찍으면 꽃의 고유 색상값을 알아낼 수 있고, 미술관에 전시된 아름다운 명화의 색 조합도 구할 수 있습니다. 간단히 촬영하는 것만으로도 피사체의 색을 알아낼 수 있으니 정말 좋은 색감 공부 방법입니다. 일상에서 색을 포착해 보세요.

촬영하기만 하면 돼요!

색의 조합을 알아보는 방법 1 — ColorHunt

배색은 색을 2가지 이상 어울리도록 배치하는 것입니다. 미술/디자인을 전공하거나 관련 업종에 있지 않는 이상 배색에 관심을 가지고 유심히 살펴볼 시간이 있을까요? 색 감각을 익힐 수 있는 곳에서 우리의 감각을 날카롭게 만들어 보는 것이 좋습니다.

컬러헌트는 다양한 테마 레퍼런스를 통해 배색 조합과 그 순서를 제안해 줍니다. 컬러헌트 사이트에 접속하면 다양한 컬러칩이 목록으로 정리되어 있는데요. 다양한 배색 레퍼런스를 살펴보다 보면 알게 모르게 색에 민감해지는 자신을 발견하게 됩니다.

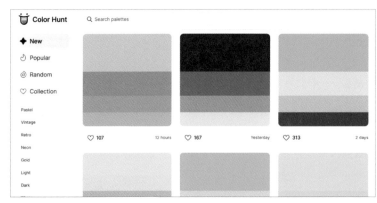

컬러헌트 사이트(colorhunt.co)

색의 조합을 알아보는 방법 2 — Adobe Color

어도비 컬러 사이트에는 색에 관한 다양한 서비스가 가득합니다. 배색, 유행하는 색상, 색상값 리서치 등 좋은 자료를 얻을 수 있습니다.

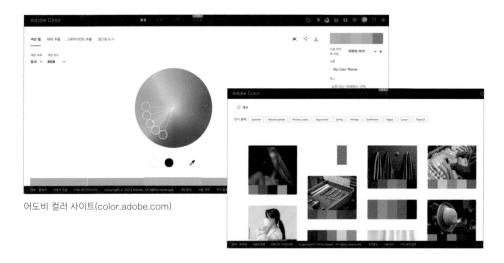

어도비 컬러 사이트(color.adobe.com)

미드저니에서 자주 사용하는 색상 프롬프트

미드저니 프롬프트에서 자주 활용되는 색상 프롬프트입니다. 정말 다양하죠? 매년 팬톤^{pantone}이
나 디자인 관련 조직에서 발표하는 올해의 색, 유행을 선도하는 색 등은 꼭 눈여겨봐 주세요. 색을
각각 사용해도 좋고 서로 다른 색을 조합해도 좋아요. 맘껏 시도해 보세요.

Apricot	Aqua	Ash gray	Auburn	Baby blue	Baby pink
살구색	청록색	회백색	적갈색	연한 푸른색	연한 분홍색
Beige	Black bean	Black olive	Blonde	Blood	Blush
베이지색	팥색	검정올리브색	금발	핏빛	얼굴 붉힌
Bronze	Brunette	Buff	Burgundy	Burnt amber	Candy
청동색	흑갈색	담황색	진홍색	진한 호박색	솜사탕색
Cerulean blue	Chartreuse	Cinnamon	Cobalt blue	Cold colors	Cool colors
밝은 청색	연한 황록색	계피색	코발트블루	차가운 색상	시원한 색상
Danish pastel	dark green	Dark orange	Dark vibrant	Desaturated	Ecru
덴마크 파스텔	어두운 초록색	어두운 주황색	어두운 컬러들	채도 감소	담갈색, 크림색
Electric blue	Electric indigo	Frost green	Frost colors	Fuchsia	Gradient
강청색	일렉트릭 인디고	프로스트 그린	얼어붙는 효과	적색을 띤 보라	그라디언트
Gummy colors	Hunter green	Kelly green	Lavender	Midnight blue	Magenta
다양한 젤리색	헌터 그린	켈리 그린	라벤더	짙은 파란색	자홍색
Muted colors	Neon colors	Neutral colors	Platinum	Retro colors	Rustic colors
톤다운 색상	네온 색상	무채색	플래티넘 금속	레트로 색상	녹슨 색상
Tropical colors	Turquoise	Vantablack	Vibrant holographic	Vintage colors	Warm colors
트로피컬	터키석	짙은 검정	홀로그램 효과	빈티지 색상	따뜻한 색상

마치며 | 인간과 AI가 그리는 내일

요즘 학교나 사무실, 그리고 일상에서 사용하는 서비스마다 따라다니는 단어가 있습니다. 바로 AI입니다. 전문가 집단이 전유하는 AI 기술이 아닌, 일반인도 쉽게 접근할 수 있는 간단한 채팅 방식의 챗GPT가 시작점이었죠. 최근에는 다양한 영역에서 AI가 붙으면서 알게 모르게 우리 일상을 침투하고 있습니다. AI가 인간의 영역으로 조금씩 스며들면서 인간의 일자리를 대체할지도 모른다는 걱정까지 이어졌죠. 실제로 머지않아 더 다양한 영역에서 인간의 일을 AI가 대신하게 될 것입니다.

이 책은 미드저니라는 이미지 생성 AI를 다룹니다. 어쩌면 '예술'이라는 영역을 미드저니가 손쉽게 대체하게 될지도 모르죠. 실제로 그렇게 이루어지고 있다고 여기는 분들도 보았고요. 이런 상황에서 저는 왜 이 책을 쓰고 있을까요? 또한 여러분은 왜 이 책을 읽고 이미지 생성을 위한 프롬프트를 직접 작성하고 있을까요? 저는 아이러니하게도 이 책을 통해 우리가 어떤 태도로 AI와 협업해야 하고 결국 우리가 그리는 내일은 어떤 모습인지 이야기해 보고 싶었습니다.

AI는 앞으로 더욱 더 깊고 넓게 산업과 일상에 뿌리 내릴 것입니다. 우리의 내일은 이 뿌리를 타고 뻗어 올라가 무성한 잎을 자랑할 것이고 열매를 맺을 것입니다. 보기에 좋고 맛도 좋은 열매를 맺으려면 빠르게 발전하는 AI 기술을 사랑하고, 관심 있게 지켜보고, 공부하고, 직접 써보면서 인간을 위해 활용할 방법은 무엇인지 끊임없이 사유해야 합니다.

저는 미드저니를 비롯한 다양한 생성 AI를 다루고 콘텐츠를 제작하면서 스스로에게 더 많은 관심을 갖게 됐습니다. AI를 다루는 데 인간을 더 알게 됐다니, 이상하죠?

프랑스의 영화감독 프랑수아 트뤼포[Francois Roland Truffaut]는 이렇게 말했습니다.

> "영화를 사랑하는 첫 번째 방법은 같은 영화를 여러 번 보는 것이고, 두 번째 방법은 영화에 대한 글을 쓰는 것이고, 세 번째 방법은 결국 영화를 만드는 것이다."

AI와 협업하려면 AI를 사랑하는 자세가 필요합니다. 그것을 통해 인간을 발견하고 내가 무엇을 좋아하는지 아는 기쁨을 얻을 수 있거든요. 제 개인의 경험을 토대로 감독의 말을 바꿔서 이렇게 말해 보겠습니다.

"AI를 사랑하는 첫 번째 방법은 다양한 생성 AI를 여러 번 써보는 것이고, 두 번째 방법은 AI 도구와 함께 만들 나의 이야기를 발견해서 직접 쓰는 것이고, 세 번째 방법은 나만이 할 수 있는 AI 콘텐츠를 만드는 것이다."

그래서 AI에 좀 더 가까워질 수 있는 방법 4가지를 정리해 봤습니다.

방법 1 다양한 AI 도구를 여러 번 써보기

다른 사람이 만든 프롬프트를 꼼꼼히 살펴보세요. 미드저니는 전 세계의 수많은 사용자가 모여 실시간으로 저마다 이야기를 현실화하고 있습니다. SNS에도 다양한 작품이 계속해서 올라오고 있죠. 내 이야기도 중요하지만, 다른 사람은 어떤 이야기를 갖고 있고 그 이야기를 어떻게 프롬프트에 풀어내는지 꼼꼼히 살펴보세요. 그리고 그들의 이야기 대신 내 이야기를 대입해 보세요. 그동안 프롬프트 예제를 살펴본 과정처럼 다른 사람들의 프롬프트를 하나하나 쪼개서 그 안에 여러분의 이야기를 대입하며 연습해 보세요.

만들고자 하는 최종 결과물은 언제나 머릿속에 그려 두세요. AI가 임의로 생성해 준다고 생각하기보다 먼저 최종 결과물을 디테일하게 그려 두고 목표까지 나아가는 것이 중요합니다. 이야기의 주도권은 언제나 우리에게 있다는 것을 생각하며 AI와 협업해야 합니다. 간단한 프롬프트로도 AI는 멋진 그림을 그려 주지만, 미드저니를 통해 나온 결과물에 만족하지 말고 다양한 도구를 함께 사용해서 머릿속에 그린 최종 결과물을 완성해 보세요. 미드저니는 결국 여러분의 이야기를 완성하는 전체 과정의 일부일 뿐입니다.

일상에서 경험하고 느끼는 모든 것이 AI와 협업하는 데 귀한 재료가 됩니다. 색, 촉감, 온도, 냄새 등 다양한 감각과 매일같이 경험하는 것을 글로 묘사하는 연습을 해야 합니다. 경험과 감각을 AI에게 전달하는 행위, 프롬프트를 작성하고 AI로부터 제안받은 것 중에서 선택하는 모든 과정은 인간끼리 소통하는 모습과 비슷합니다.

방법 2 AI와 함께 만들 이야기의 테마와 기준 정하기

평소에 어떤 상상을 하며 지내나요? 그 상상은 이야기로 발전할 수 있나요? 미드저니라는 생성 AI로 만든 이미지를 이야기로 확장할 때 그 안에는 여러분이 생각하는 기준이 있나요? 만들어지는 이야기를 다른 사람에게 잘 설명하고 즐겁게 나눌 수 있는 여러분만의 기준을 만들어서 세계관을 탄탄하게 형성해 주세요.

이야기도 만들고 탄탄한 세계관도 세웠다면 이제 다양한 AI 도구로 여러분만 할 수 있는 AI 콘텐츠를 만들어 보세요. 유튜브가 도입되면서 세상에는 '크리에이터'라는 새로운 집단이 생겨났고 수많은 콘텐츠가 생산되고 있습니다. 그 콘텐츠들은 결국 다양한 영역의 비즈니스로 연결되고 시장을 형성하면서 엄청난 규모의 산업으로 발전했습니다.

앞으로 시장은 개인과 AI가 함께 만들어 가는 콘텐츠로 넘쳐날 것입니다. AI 덕분에 콘텐츠 한 편을 제작하는 시간과 비용이 단축되었고, 손쉽게 접할 수 있는 AI 서비스가 등장하면서 누구나 콘텐츠를 만들 수 있는 시대가 되었습니다. 단, 우리는 함께 협업하는 파트너인 AI를 건강하게 사용할 때 나만 할 수 있는 콘텐츠를 만들 수 있습니다. 그렇다면 나만이 할 수 있는 콘텐츠를 어떻게 발견할 수 있을까요?

우선 자신이 무엇을 좋아하는지 확인하세요. 무엇을 좋아하고 싫어하는지 취향부터 파악해 보는 것입니다. 좋아하는 것은 콘텐츠로 더 잘 만들 수 있겠지만, 싫어하는 것은 왜 싫어하는지 생각하는 과정에서 영감을 얻을 수 있습니다.

다음으로는 현재 진행하는 공부/일에서 AI를 적용할 수 있는 부분을 찾으세요. AI와 협업해서 제작하는 콘텐츠를 어디에 적용할 수 있을지 가장 가까운 곳에서부터 찾다 보면 적용점을 알 수 있습니다. 지금 공부하는 영역이나 시간을 가장 많이 할애하는 현업에서 AI를 적용해 콘텐츠화할 수 있는 것은 무엇인지 고민한다면 소재는 바로 찾을 수 있습니다.

사이드 프로젝트로 무엇을 할 수 있을지 생각하세요. AI와 함께 작업하는 작가로 활동할 수도 있고, 미드저니와 같은 생성 AI를 가르치는 강사가 될 수도 있고, AI로 만드는 콘텐츠를 올리는 유튜버가 될 수도 있죠. 가장 잘할 수 있는 것과 그동안 하고 싶었지만 현실적으로 할 수 없었던 것을 연결해서 AI와 함께하는 사이드 프로젝트를 진행해 보세요.

생각한 것을 실제로 만드세요. 경험하고 기록하고 생각하는 것에 그치지 말고 생각한 것을 실현하는 것이 중요합니다. 지금까지 수많은 미드저니 활용 예제로 시각화하는 방법을 알아봤습니다. 여러분의 이야기를 직접 시각화해서 세상에 보여 주세요.

SNS에 올려 A/B 테스트를 진행하고 시장의 피드백을 확인하세요. SNS에 이미지와 이야기를 함께 계속 올리다 보면 대중의 반응이 하나둘씩 나타납니다. 좋은 피드백은 양분으로 삼아 더 나은 콘텐츠로 만들고, 피드백이 없거나 좋지 못한 피드백을 받는다면 꾸준히 작업을 이어 나가세요. 이런 과정을 거치면 오직 나만이 할 수 있는 콘텐츠를 발견할 수 있습니다.

방법 4 나를 이해하고 인간을 이해하기

AI 시대라고 할 정도로 AI는 정말 무서운 속도로 발전하고 생활 곳곳에 적용되고 있습니다. 미드저니는 다양한 AI 기술 중에서도 이미지 생성으로 우리의 이야기를 이미지화할 수 있는 멋진 기술이죠. 미드저니를 처음 접했을 때 프롬프트 입력 창에서 깜빡이는 커서 속도에 맞춰 눈을 깜빡였던 제 모습이 떠오릅니다. 무엇을 써야 할지, 어떤 것부터 해야 할지 모르던 때가 있었죠.

지금 여러분은 어떤가요? 이미지를 원하는 대로 잘 생성할 수 있게 됐나요? 아니면 아직 여러분의 이야기를 AI에게 전달하는 것이 두렵나요? 그 두려움을 해소하고 싶다면 스스로를 좀 더 파고들어 보세요. 나를 이해하고 인간을 이해하는 것이 곧 AI와 협업하며 내일을 살아가는 우리의 태도가 될 것입니다.

질문을 똑똑하게 해야 AI로부터도 똑똑한 답을 얻을 수 있다고 하죠? 질문하는 힘은 나를 이해하는 것으로부터 나옵니다. 내가 무엇을 알고 싶고 무엇을 모르는지 파악하는 것이 먼저입니다. 내가 무엇을 상상하고 있고, 어떤 이야기를 갖고 있고, 미드저니와 협업해서 무엇을 만들고 싶은지 그리고 AI와 협업하는 인간으로서 내일엔 결국 무엇이 되고 싶은지 자신을 깊이 이해하는 것이 중요합니다.

/imagine WHO I AM

미드저니를 통해 여러분과 여러분의 이야기를 발견하는 시간이 되기를 바랍니다.

미드저니의 새로운 변화, V6

2023년 말 미드저니는 야심차게 준비해 오던 V6(버전 6)의 알파 버전을 공개했습니다. 2024년 2월 기준 아직은 기존 V5.2(버전 5.2)에서 지원하는 일부 기능을 사용할 수 없지만 결과물은 상당한 수준으로 업그레이드되었습니다. 이후 V6가 안정화되면 이미지를 더욱 다양하고 퀄리티 높게 제작할 수 있고 그것을 활용하여 더 멋진 콘텐츠를 만들 수 있을 것입니다.

그럼 새로운 버전, V6에서 달라진 점 4가지를 살펴보겠습니다.

프롬프트의 이해 능력 향상

미드저니는 우리가 입력하는 프롬프트에 최대한 근접하면서도, 품질 또한 훌륭한 이미지를 만들어 주었습니다. 그 수준은 버전 업데이트를 거듭할수록 높아졌죠. 그리고 V6부터는 우리가 작성한 프롬프트에 대한 이해도가 대폭 향상되면서 매우 높은 퀄리티로 이미지를 제작할 수 있습니다. 동일한 프롬프트를 사용한 V5.2의 미드저니와 V6의 미드저니를 비교해 보겠습니다. 다음 두 예시의 좌우 이미지를 각각 자세히 살펴보면 이미지의 퀄리티가 많이 높아졌다는 것과 미드저니가 프롬프트를 잘 이해하고 생성했다는 것을 알 수 있습니다.

첫 번째 예시는 중세시대를 배경으로 기사가 휴대폰을 보고 있는 모습입니다. V5.2에서는 휴대폰을 보는 장면이 잘 표현되지 않았고, 복장도 눈부신 갑옷이라고 하기에는 조금 약해 보입니다. 하지만 V6에서는 기사의 모습이 입력한 프롬프트대로 잘 표현되었습니다.

예제 프롬프트	A Model with very shiny medieval armor. with reflections, Sitting in profile on some rocks Looking at a mobile phone looking for coverage. background minimal sky and castle. sony alpha A7, f/8 mm, Sony FE 14mm F1,8

V5.2로 만든 이미지

V6로 만든 이미지

두 번째 예시는 북극곰이 걷고 있는 빙판이 깨지면서 엄청난 크기의 문어가 촉수를 뻗어 곰을 공격하는 이미지입니다. V5.2에서는 곰의 존재도 불명확할뿐더러 촉수라기보다는 기괴한 문어발의 형태로 빙판을 뒤덮고 있는데요. V6에서는 입력한 프롬프트를 매우 잘 표현해 주고 있습니다.

예제 프롬프트	Top down aerial shot looking down at a polar bear in a icy tundra, A giant octopus tentacle breaks through the ice to target a polar bear

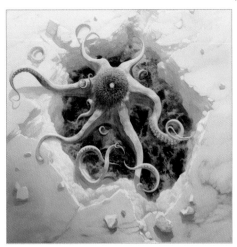
V5.2로 만든 이미지

V6로 만든 이미지

V6는 이렇게 긴 프롬프트에 대한 맥락을 이전 버전보다 잘 이해하고 있고, 이해한 내용을 잘 반영하여 이미지를 생성해 줍니다.

이미지 내 글자 삽입도 OK!

이전 버전의 미드저니에서는 이미지를 생성할 때 글자를 삽입할 수 없고, 생성하더라도 전혀 알아볼 수 없는 이상한 글자를 생성했습니다. 하지만 V6부터는 이미지에 다양한 형태로 글자를 삽입할 수 있습니다. 프롬프트에 다음의 내용을 같이 입력해서 글자를 표현해 보세요.

> ❶ 텍스트를 입력할 개체(후드 티셔츠, 머그잔 등)
> ❷ 입력할 내용과 글자 색(입력할 내용은 큰따옴표 " "로 지정합니다)

다음의 두 예시를 비교해 보면 글자의 차이가 눈에 들어옵니다.

먼저 HUMAN & AI라는 글자가 적힌 후드 티셔츠를 입은 한국인 모델을 촬영한 이미지입니다. V6가 만든 이미지에는 후드 티셔츠에 글자가 정확하게 표현되는 반면 V5.2가 만든 이미지에는 정체 모를 글자가 쓰여 있습니다.

예제 프롬프트	Korean male model with a black short hair, wearing a loose fitting white hoodie with the large black text "HUMAN & AI" printed on it, exposed midriff, blue jeans, white studio backdrop, shot on Sony A7, f/8 mm, Sony FE 14mm F1,8

V5.2로 만든 이미지 | V6로 만든 이미지

Thank you!라는 글자를 적은 포스트잇을 표현해 달라는 프롬프트를 똑같이 적어도 V6로 만든 이미지에만 글자가 정확하게 표현되는 것을 확인할 수 있습니다.

예제 프롬프트	A photo of a fluorescent post-it note stuck to a mug that says "Thank you!" in black letters

V5.2로 만든 이미지   V6로 만든 이미지

향상된 업스케일러(Upscaler) 추가

V6부터 이미지 업스케일 기능으로 [Upscale(Subtle)]과 [Upscale(Creative)]가 추가되었습니다. 프롬프트를 작성한 다음 4가지 샘플 가운데 1개의 이미지를 선택하여 1차 업스케일을 하고 나면 결과물 하단에 업스케일 버튼 2가지가 출력됩니다.

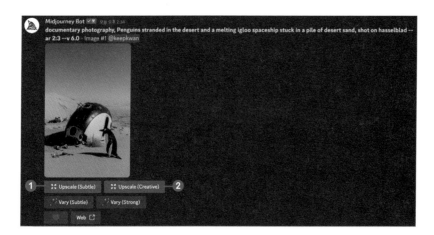

❶ Upscale(Subtle): 업스케일 대상 이미지를 어느 정도 유지하면서 해상도를 높입니다.

❷ Upscale(Creative): 업스케일 대상 이미지에 창의적인 변화를 주면서 해상도를 높입니다.

얼핏 봐서는 차이를 느끼기 어렵지만 1차 업스케일 결과물의 규격은 896×1344이고, 2차 업스케일로 해상도를 한 번 더 높인 결과물의 규격은 1792×2688로 2배 더 큽니다. 그리고 [Upscale(Subtle)]을 클릭한 왼쪽의 이미지는 기본 이미지와 큰 차이가 없지만, [Upscale(Creative)]를 클릭한 오른쪽 이미지는 창의적인 변화가 좀 더 추가되어 일부분이 변경되면서 해상도가 올라간 것을 확인할 수 있습니다.

[Upscale(Subtle)]을 클릭한 경우   [Upscale(Creative)]를 클릭한 경우

미드저니의 독립된 작업 공간

미드저니는 디스코드에 접속하여 미드저니 서버 또는 자신이 직접 제작한 서버에서 작업할 수 있습니다. 2024년 2월 기준 테스트 중이지만 곧 미드저니 사이트 내에서도 이미지를 만들 수 있습니다. 디스코드 내에서 프롬프트를 통해 파라미터를 입력한 것처럼 클릭 몇 번으로 손쉽게 이미지를 제어할 수 있습니다.

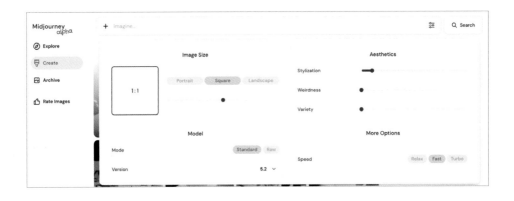

이렇게 미드저니 V6는 이미지 품질이 대폭 향상된 것 외에도 다양한 기능들이 추가되었습니다. 특히 사용자가 작성하는 프롬프트를 잘 이해하여 그에 맞게 이미지를 생성할 수 있는 능력이 향상되었죠. 이는 한 가지 중요한 사실을 다시 한번 일깨워 줍니다. 바로 01-1절부터 언급하던 '이야기'입니다.

인간인 우리는 미드저니에게 어떤 이야기를 전달해 줄지 더욱 깊이 있게 생각할 필요가 있습니다. 미드저니를 단순히 프롬프트를 통해 이미지를 생성하는 것이 아니라 나의 이야기를 현실화하는 것을 돕는 인공지능으로 생각하세요. 우리 안에도 이미지를 무한히 생성해 낼 수 있는 스토리텔러가 잠시 잠들어 있다는 사실을 인공지능 덕분에 알게 될 것이라 생각됩니다.

부록 02 자주 쓰는 키워드 사전

방향

정면	front facing picture of	후면	back view picture of
옆면	left[right] side view picture of		

그래픽 표현 도구

색연필	color pencils painting	카메라 편집 사진	editorial photography
오일 페인팅	(impasto,) oil painting	마커 펜	marker pen

색상 효과

흑백	b&w photography	적외선 사진	shot on infrared
빈티지	vintage sepia color grading	X-Ray	Take ultra-realistic X-rays
은판 사진	shot on Daguerreotype plate		

그래픽 효과/테마

00년대 애니메이션	00s animation	3D 만화 캐릭터	3D character cartoon
일러스트레이션	illustration	3D 렌더링	blender 3D style, render engine
영화 장면	00s movie	픽셀 아트	(retro) pixel game[art]
잡지 사진	fashion magazine	동화 삽화	fairytale dreamlike light
게임 콘셉트 아트	00s game concept artwork	영화 스틸 컷	movie still cut

재료

황동	brass	유리	glass

장소

숲속	forest landscape	사막	desert landscape
바다	ocean landscape	빙원	iceberg landscape

자연광

햇빛, 맑은	sunny	흐린	overcast, hazy, foggy
눈이 내린	snow filling the air		

인공 조명

키 조명	portrait lighting	렘브란트 조명	rembrandt lighting
백라이팅	backlighting	림 라이팅	rim lighting
실루엣 조명	silhouette of		

카메라 각도

눈높이	eye level shot	위 → 아래	high angle shot from above
아래 → 위	low angle shot from below	옆 → 옆	side view

촬영 숏

클로즈업 숏	(extremely) close up	풀 숏	full body shot of
미디엄 숏	medium shot of	드론 숏	dynamic drone cam view

카메라 모델

라이카	Leica q2	올림푸스	Olympus pen
핫셀블라드	Hasselbald	후지 필름	Fujifilm Neopan Across 100
소니	Sony A7		

시간대

새벽녘	sunrise	해질녘	golden hour lighting, at dusk
대낮	sunlight streaming		

미니멀 디자인

만화 스타일	cartoon	종이접기	origami
라인 아트	line art	페이퍼 컷	papercut illustration of
아이소메트릭	isometric 3D		

한글

영어

나도 한번 해볼까?

지금은 생성 AI 시대! 잦은 변화 속에서 살아남고 싶다면!
챗GPT에게 일 시키는 법부터 뤼튼으로 시작하는 이미지 생성까지!

된다!
하루 만에 끝내는 챗GPT 활용법
― 전면 개정판

글쓰기, 영어 공부, 유튜브, 수익 창출도 된다!
인공지능에게 일 시키고 시간 버는 법

프롬프트 크리에이터 지음 | 256쪽 | 17,000원

된다!
생성형 AI 사진&이미지 만들기

정확도를 높이는 프롬프트 글쓰기부터 검증 방법까지!
어떤 인공지능에서도 통하는 프롬프트 작성법

김원석, 장한결 지음 | 260쪽 | 18,000원

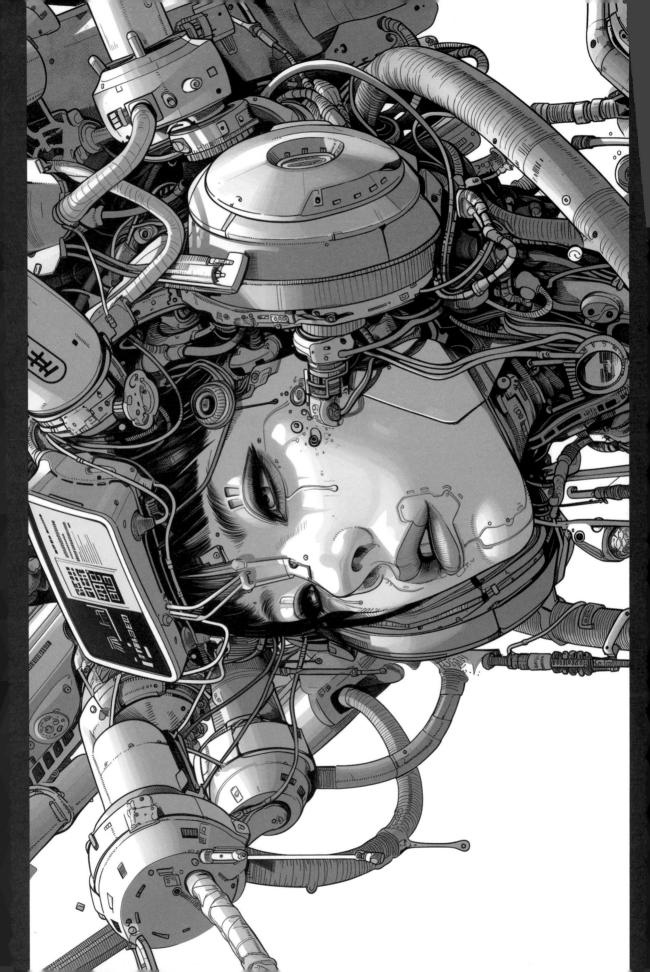